Volker Friebel

Im Garten der Amseln

Traumreisen für Kinder

Edition *Blaue Felder*

Dr. Volker Friebel (*1956) ist promovierter Psychologe und Autor von Veröffentlichungen zu Entspannung, Gesundheit, Sprache und Musik sowie Texten literarischer Art. Er ist selbstständig tätig und lebt in Tübingen.

Edition *Blaue Felder*,
Denzenbergstraße 29, 72074 Tübingen (Deutschland)
www.Blaue-Felder.de

Texte, Fotografie und Gestaltung: Volker Friebel
Veröffentlichung: Dezember 2016

ISBN PapierBuch: 978-3-96039-006-0
ISBN eBuch, epub-Format: 978-3-96039-007-7

Inhalt

FSC
www.fsc.org
MIX
Papier aus verantwortungsvollen Quellen
Paper from responsible sources
FSC® C105338

Einführung

Traumreisen dienen der Entspannung. In ruhig gehaltener Sprache schildern sie Naturbilder, etwa einen Waldweg, einen Bach, eine Burgruine, einen Bauernhof, einen See. Die Beschäftigung mit der inneren Wahrnehmung bewirkt beim Lauschenden ein Umschalten von der Aktivität zur Entspannung, Erholung, Regeneration.

Entspannungsinstruktionen können enthalten sein. Meist stammen sie aus dem Autogenen Training (Betonung von Ruhe, Schwere und Wärme) und aus der Atementspannung (Achten auf den Atem).

Eine ausgefeilte Geschichte wird selten erzählt, und wenn doch, dann ohne Spannungsbogen – sonst wäre es bereits zu aufregend. Die Vorstellung ruhiger Natur kommt der Entspannung am meisten entgegen.

Traumreisen werden deutlich langsamer als „normale" Geschichten vorgetragen, um Zeit für die Vorstellungen des Lauschenden zu lassen. Im Text wird immer wieder durch drei Pünktchen oder durch Absätze daran erinnert: *Bitte Zeit lassen!*

Traumreisen können mit einem einzelnen Kind oder mit einer Kindergruppe durchgeführt werden. Am besten, die Lauschenden liegen. Die Augen sollten möglichst geschlossen sein, so gelingt das eigene Vorstellen am leichtesten.

Diese Art der Entspannung eignet sich für jedes Alter. Auch schon ganz junge Kinder können so in die Entspannung kommen. Die Sprache allerdings muss dem Alter der Kinder angemessen sein. Die Traumreisen dieses Buchs sind für Kindergarten- bis Grundschulalter formuliert.

Bei jeder der Traumreisen in diesem Buch sind Einstimmung auf die Entspannung und deren Rücknahme dabei. Sie können aber nach den eigenen Vorstellungen verändert werden. Wenn eine Traumreise zum Einschlafen im Bett vorgetragen wird, lässt man die Rücknahme weg. Stattdessen gibt es dann noch einige Worte zur Guten Nacht.

Verändert werden können auch die Traumreisen selbst. Es geht nur darum, sich Naturbilder gut vorzustellen, mit Betonung auf das Ruhige dabei. Was genau vorgestellt wird, ist gar nicht so wichtig. Deshalb können Traumreisen durchaus verkürzt oder verlängert werden.

Die Traumreisen dieses Buchs gewinnen immer mehr an Länge. Vorne stehen also eher kurzen, in der Mitte eher mittellange, gegen Ende eher lange. Vor allem in den späteren Traumreisen dieses Buchs kommen Elelemte aus Entspannungsgeschichten vor.

Wenn ein Kind noch keine Erfahrungen mit Traumreisen hat, kann es günstig sein, die ersten Male noch etwas dazuzusagen. Etwa:

> *„Du hörst jetzt eine Traumreise. Das ist eine ganz besondere Art von Geschichte. Am besten, du schließt dazu die Augen, denn dann lässt sich die Traumreise am besten erleben, so wie du ja auch bei den Träumen im Schlaf die Augen geschlossen hast. Bei Traumreisen geht es darum, sich alles möglichst gut vorzustellen, es selbst zu erleben. Wenn also gesagt wird, dass du über eine Wiese gehst, dann hör nicht bloß zu, sondern stell dir genau vor, wie du über die Wiese gehst."*

Eine entspannte Atmosphäre ist günstig. Vielleicht kann dazu eine besondere Kerze entzündet werden, unsere Traumkerze. Wenn die brennt, weiß das Kind: Es ist Traumzeit. Oder das Kind kann selbst seine Traumkerze, ein Teelicht, an einer großen Kerze entzünden und neben sich stellen.

Musik kann die Zeit bis zum Beginn der Traumreise begleiten. Auch zur Verlängerung der Traumreise kann sie eingesetzt werden, dann am besten vor der Rücknahme. Während der Traumreise selbst sollte die Musik besser ausgeblendet werden, um die Konzentration ganz bei den Bildern zu halten.

Nach der Traumreise kann über sie geredet oder ein Bild nach Motiven aus ihr gemalt werden.

Regelmäßige Durchführung von Traumreisen, das ist die Erfahrung aus vielen Schulen und Kindergärten, führt nach und nach zu einer Beruhigung der Kinder und zu einer Steigerung ihrer Konzentration und Kreativität. Auch Kinder, die anfangs mit Traumreisen Probleme haben, können sich meist bald auf sie einlassen. So sind Traumreisen ein ausgezeichnetes Mittel zur Entspannung des Kindes und zur Förderung einiger seiner Grundkompetenzen, nämlich der Entspannungsfähigkeit, der Konzentration und der Kreativität.

Und Freude machen sie auch!

Eine gute Zeit mit den Traumreisen und miteinander wünscht

Volker Friebel

Im Garten der Amseln

Der Gartenzwerg

Mach es dir ganz bequem ... Während du dich noch räkelst, kannst du schon beginnen, angenehm ruhiger zu werden ... Deine Augen können noch offen bleiben und auch zu ruhen beginnen – oder sie können sich schließen und die angenehme Ruhe spüren ... Du hörst vielleicht noch Geräusche um dich, im Raum ... oder von draußen ... Und irgendwann können die Geräusche und jede Bewegung ganz gleichgültig werden ... Und du spürst vielleicht schon, wie gut es sich anfühlt, einfach so da zu sein und eine Traumreise zu erleben ..., sich alles genau vorzustellen ..., alles selbst ganz mitzuerleben ... und in sich zu sehen ... und in sich zu spüren ...

Ob du dir wohl einen Garten vorstellen kannst, den Garten hinter einem Haus? ... Im Garten singen Vögel ... Und weil von allen Vögeln am schönsten die Amseln singen, so heißt er: *Garten der Amseln ...* So sagen die Menschen im Haus ...

Im Haus wohnen Leon und Sarah. Und ihre Eltern ... Im Garten wohnen die Vögel, die Regenwürmer, die Käfer, die Gartenzwerge und viele andere mehr ...

Einer der Gartenzwerge heißt Oskar. Er hält eine Laterne in der Hand und lacht ... Die Laterne brennt nicht. Aber die Sonne scheint durch die Krone des Apfelbaums und wirft ihr Licht auch auf die blinde Laterne ...

Vielleicht kann Oskar die Sonnenstrahlen spüren ... Vielleicht kann er die Wärme der Sonnenstrahlen spüren ...

An Oskar vorbei fliegt ein Schmetterling ... Wie er durch die Lüfte wirbelt, ganz leicht und hell ... Der Schmetterling tanzt durch den Himmel, über den Gartenzaun ...

Was hinter dem Gartenzaun liegen mag? Da wachsen dichte Hecken ... In den Hecken kann vieles verborgen liegen ... Ihre Blätter rascheln leicht im Wind ...

Plötzlich bewegen sich die Zweige der Hecken – dann sind sie still: Kater Mika schaut zwischen zwei Zweigen hervor ... Eine Weile bleibt er regungslos – dann bewegt er sich weiter ...

Kater Mika findet das Loch im Zaun und zwängt sich hindurch ... Mit langsamen, stolzen Schritten schreitet er über den Rasen ...

Gerade vor Oskar legt Mika sich in das duftende Gras ... Vielleicht hört er die Vögel ringsum ... Vielleicht lauscht er auf die Geschichten des Windes ... Mika leckt sich eine Tatze und schnurrt ...

Und nun kommt die Traumreise langsam zum Ende, und du kehrst zurück in den Raum ... Du spürst wieder den Raum um dich und hörst seine Geräusche ... Die Ruhe ist weiter in dir. Und die Kraft. Du spürst vielleicht, wie die Ruhe und die Kraft in dir stärker geworden sind ... Die Augen können sich wieder öffnen ... Atme tief durch! Reck dich und streck dich ...

Der Gartenteich

Mach es dir ganz bequem ... Während du dich noch räkelst, kannst du schon beginnen, angenehm ruhiger zu werden ... Deine Augen können noch offen bleiben und auch zu ruhen beginnen – oder sie können sich schließen und die angenehme Ruhe spüren ... Du hörst vielleicht noch Geräusche um dich, im Raum ... oder von draußen ... Und irgendwann können die Geräusche und jede Bewegung ganz gleichgültig werden ... Und du spürst vielleicht schon, wie gut es sich anfühlt, einfach so da zu sein und eine Traumreise zu erleben ..., sich alles genau vorzustellen ..., alles selbst ganz mitzuerleben ... und in sich zu sehen ... und in sich zu spüren ...

Im Garten hinter dem Haus liegt der Teich. Vielleicht kannst du das Wasser spüren und das Schilf am Ufer ... Die leichte Bewegung der Schilfrohre im Wind ... Auch die langen Gräser bewegen sich leicht ... Und wenn einer ganz genau hinhören könnte, hörte er vielleicht sogar eine leichte Bewegung im Lied der Amsel .. das mal näher klingt, mal weiter weg, so wie der Wind die Töne wiegt ...

Die Amsel singt – aber der Teich liegt ganz ruhig ... Er spiegelt den Himmel ... Vielleicht spürst du die Ruhe des Teiches ... Vielleicht spürst du die Ruhe des Teichs auch in dir ...

Mitten im Teich liegt eine winzige Insel. Nur ein paar Felsen sind dort. Der oberste Felsen ist flach. Auf ihm sitzt eine Schildkröte ...

Die Schildkröte reckt ihren Hals hoch ins Licht. Sie sitzt ganz ruhig ... Sie atmet in der Wärme der Sonne ... Vielleicht spürst auch du die Wärme der Sonne in der Schildkröte ... Vielleicht spürst du die Wärme der Sonne auch in dir ...

Ein Schmetterling flattert über den Teich ... Auf einen der Felsen setzt er sich und breitet seine Flügel aus ... Er lässt seine Flügel von der Sonne bescheinen ...

Die Amsel singt immer noch ... mitten im Garten der Amseln ... Die Ruhe des Teichs scheint immer noch stärker zu werden ...

Und nun kommt die Traumreise langsam zum Ende, und du kehrst zurück in den Raum ... Du spürst wieder den Raum um dich und hörst seine Geräusche ... Die Ruhe ist weiter in dir. Und die Kraft. Du spürst vielleicht, wie die Ruhe und die Kraft in dir stärker geworden sind ... Die Augen können sich wieder öffnen ... Atme tief durch! Reck dich und streck dich ...

Die Goldfische

Mach es dir ganz bequem ... Während du dich noch räkelst, kannst du schon beginnen, angenehm ruhiger zu werden ... Deine Augen können noch offen bleiben und auch zu ruhen beginnen – oder sie können sich schließen und die angenehme Ruhe spüren ... Du hörst vielleicht noch Geräusche um dich, im Raum ... oder von draußen ... Und irgendwann können die Geräusche und jede Bewegung ganz gleichgültig werden ... Und du spürst vielleicht schon, wie gut es sich anfühlt, einfach so da zu sein und eine Traumreise zu erleben ..., sich alles genau vorzustellen ..., alles selbst ganz mitzuerleben ... und in sich zu sehen ... und in sich zu spüren ...

Im Teich hinter dem Haus wohnen Goldfische. Mitten in der Ruhe des Teiches ist ihr Zuhause. Gerade ziehen sie ihre Kreise dicht unter der Oberfläche, mitten im gespiegelten Himmel ...

Vielleicht ist die Ruhe des Teiches auch in den Goldfischen ... Vielleicht macht die Ruhe der Goldfische den Teich so ruhig ...

Der Teich bewegt sich nicht, nur ab und zu kräuseln kleine Wellen im Wind ... Die Goldfische bewegen sich mit dem Schlag ihrer Flossen, aber in ihrer Bewegung liegt eine Ruhe, die fast noch größer als die Ruhe des Teiches ist ...

Vielleicht, weil die Bewegung der Goldfische so langsam ist ...

Vielleicht, weil die Bewegung der Goldfische so lebendig ist ...

Eine Libelle fliegt über dem Teich. Ihr dünner Leib ist bunt. Ihre Flügel schlagen so schnell, dass sie fast unsichtbar sind ... Die Farben der Libelle glänzen im Licht ...

Unter dem Wasser, am Grunde des Teiches, liegt eine Muschel ... Die Goldfische ziehen ihre Kreise über der Muschel ... Vielleicht spürt die Muschel, wie sich das

Wasser um sie herum leicht bewegt ...

Die Muschel bewahrt die Ruhe in sich ... Vielleicht liegt in der Muschel eine Perle verborgen ... Vielleicht liegt in der Muschel ein wertvoller Schatz ...

Und nun kommt die Traumreise langsam zum Ende, und du kehrst zurück in den Raum ... Du spürst wieder den Raum um dich und hörst seine Geräusche ... Die Ruhe ist weiter in dir. Und die Kraft. Du spürst vielleicht, wie die Ruhe und die Kraft in dir stärker geworden sind ... Die Augen können sich wieder öffnen ... Atme tief durch! Reck dich und streck dich ...

Die Sonne

Mach es dir ganz bequem ... Während du dich noch räkelst, kannst du schon beginnen, angenehm ruhiger zu werden ... Deine Augen können noch offen bleiben und auch zu ruhen beginnen – oder sie können sich schließen und die angenehme Ruhe spüren ... Du hörst vielleicht noch Geräusche um dich, im Raum ... oder von draußen ... Und irgendwann können die Geräusche und jede Bewegung ganz gleichgültig werden ... Und du spürst vielleicht schon, wie gut es sich anfühlt, einfach so da zu sein und eine Traumreise zu erleben ..., sich alles genau vorzustellen ..., alles selbst ganz mitzuerleben ... und in sich zu sehen ... und in sich zu spüren ...

Auf den Garten der Amseln scheint die Sonne ... Sie scheint auf das Dach des Hauses ... Sie scheint auf die Wiese ... Sie scheint auf das Gras ... Sie scheint auf die Blumen ... Sie scheint auf den Teich ... Sie scheint auf das Gartenhäuschen ...

Die Blätter der Bäume nehmen das Licht der Sonne auf,

verwandeln seine Wärme und Helligkeit in Kraft ... in buntes Leben ...

Zwischen den Blättern fällt das Licht hier und da bis zur Erde, da tanzen dann Licht und Schatten über den Boden ...

Die Sonne scheint auf alles, ohne Unterschied, ob es schön oder hässlich ist, gut oder schlecht, klein oder groß, fröhlich oder traurig ... Die Sonne gibt jedem alles, was sie hat, ohne irgend etwas davon zu sparen ...

Ab und zu schieben sich Wolken vor die Sonne ... Dann wirkt es, als scheine die Sonne weniger hell ... Aber sie scheint dann noch immer, ganz wie zuvor ... *über den Wolken* ...

Im Sonnenlicht flattert ein Schmetterling ... Der Schmetterling wirbelt durch den Himmel ... Vielleicht fühlt er sich glücklich in seinem Flug ... Vielleicht will er immer nur tanzen ... Vielleicht will er eilig irgendwo hin ...

Zu einer der Blumen vielleicht, die im Sonnenlicht blühen ... Auf einen Stein am Teich vielleicht, der ganz warm vom Sonnenlicht geworden ist ...

Die Wärme der Sonne ist überall ... Sie ist in der Luft ... Sie ist im Gras ... Sie ist im tanzenden Schmetterling ... Vielleicht ist die Wärme der Sonne auch schon in dir ...

Und nun kommt die Traumreise langsam zum Ende, und du kehrst zurück in den Raum ... Du spürst wieder den Raum um dich und hörst seine Geräusche ... Die Ruhe ist weiter in dir. Und die Kraft. Du spürst vielleicht, wie die Ruhe und die Kraft in dir stärker geworden sind ... Die Augen können sich wieder öffnen ... Atme tief durch! Reck dich und streck dich ...

Das Gänseblümchen

Mach es dir ganz bequem ... Während du dich noch räkelst, kannst du schon beginnen, angenehm ruhiger zu werden ... Deine Augen können noch offen bleiben und auch zu ruhen beginnen – oder sie können sich schließen und die angenehme Ruhe spüren ... Du hörst vielleicht noch Geräusche um dich, im Raum ... oder von draußen ... Und irgendwann können die Geräusche und jede Bewegung ganz gleichgültig werden ... Und du spürst vielleicht schon, wie gut es sich anfühlt, einfach so da zu sein und eine Traumreise zu erleben ..., sich alles genau vorzustellen ..., alles selbst ganz mitzuerleben ... und in sich zu sehen ... und in sich zu spüren ...

Im Gras der Wiese hinter dem Haus wachsen Gänseblümchen. Inmitten der vielen steht dieses eine: Ein gelber Punkt in der Mitte, viele weiße Blütenblätter als Kranz drumherum – und getragen wird das Köpfchen von einem Stiel ...

Immer wiegt sich das Gänseblümchen in der Luft ... Mal ist die Luft bewegt, mal ist es windstill. Gerade geht ein leichter Wind und das Gänseblümchen schwankt leicht ...

Der Wind bringt Düfte mit sich ... Dieser Duft muss vom Teich kommen ... Und jener vom Komposthaufen hinter den Hecken ...

Vielleicht gibt es auch einen Duft der Sonne ... Das Licht der Sonne liegt warm auf dem Gänseblümchen und lässt es strahlen ...

Inmitten seiner Brüder und Schwestern fühlt sich das Gänseblümchen wohl ... Immer steht es an derselben Stelle der Wiese ... Und immer stehen genau dieselben Brüder und Schwestern um es herum ... Und das Gras ... Und der Klee ... Und viele andere Blumen ...

Wie wundersam sind doch die Bienen, die durch die Lüfte fliegen! Mal sind sie hier, mal sind sie dort ... Das

Gänseblümchen steht immer am selben Ort, es lebt ganz in sich selbst ...

Wie wundersam sind doch die Schmetterlinge, die durch die Lüfte tanzen! Mal sind sie im Himmel, mal landen sie auf einer Blume oder auf einem Stein ... Das Gänseblümchen ist immer am selben Ort, es lebt ganz in sich selbst ...

Wie wundersam sind doch die Kinder im Garten der Amseln! Mal tollen sie über die Wiese, mal fahren sie mit ihren Fahrrädern fort, mal sitzen sie auf einer Bank ... Das Gänseblümchen ist immer am selben Ort, es lebt ganz in sich selbst ...

Wieder geht ein leichter Windstoß und das Gänseblümchen bewegt sich am Stiel ... Aber seine Wurzeln halten es fest ...

In der Hecke pfeift eine Spatzenschar. Nun flattern die Spatzen auf und fliegen davon ...

Und nun kommt die Traumreise langsam zum Ende, und du kehrst zurück in den Raum ... Du spürst wieder den Raum um dich und hörst seine Geräusche ... Die Ruhe ist weiter in dir. Und die Kraft. Du spürst vielleicht, wie die Ruhe und die Kraft in dir stärker geworden sind ... Die Augen können sich wieder öffnen ... Atme tief durch! Reck dich und streck dich ...

Die Regentonne

Mach es dir ganz bequem ... Während du dich noch räkelst, kannst du schon beginnen, angenehm ruhiger zu werden ... Deine Augen können noch offen bleiben und auch zu ruhen beginnen – oder sie können sich schließen und die angenehme Ruhe spüren ... Du hörst vielleicht noch Geräusche um dich, im Raum ... oder von draußen ...

Und irgendwann können die Geräusche und jede Bewegung ganz gleichgültig werden ... Und du spürst vielleicht schon, wie gut es sich anfühlt, einfach so da zu sein und eine Traumreise zu erleben ..., sich alles genau vorzustellen ..., alles selbst ganz mitzuerleben ... und in sich zu sehen ... und in sich zu spüren ...

Hinten am Haus steht eine Regentonne. Wenn es regnet, läuft Wasser aus der Dachrinne hinein und sammelt sich in der Tonne. Das Wasser ist gut, um den Garten zu gießen ...

Jetzt scheint die Sonne ... Die Gießkanne neben der Tonne ist leer ... In der Tonne aber spiegeln sich eine Ecke vom Dach und ein Teil des Himmels ...

Durch den gespiegelten Himmel ziehen Wolken ... Auf einer der Wolken sitzt ein Wasserläufer ... Wenn er seine langen Beine bewegt und über das Wasser läuft, zittert der Himmel ...

Über dem gespiegelten Himmel ist der wirkliche Himmel ... Durch den wirklichen Himmel singen Vögel ... Düfte wehen von irgendwo ...

Ein Schmetterling flattert aus dem wirklichen Himmel und setzt sich an den Rand der Regentonne ... Er schlägt seine Flügel auf und lässt sie von der Sonne bescheinen ...

Vielleicht betrachtet der Schmetterling sein Spiegelbild in der Regentonne ...

Vielleicht sieht der Schmetterling die gespiegelten Wolken ziehen ...

Jetzt fliegt er auf, verschwindet wieder im wirklichen Himmel ...

Die Regentonne steht immer noch da ...

Neben der Gießkanne liegt ein Ball. Der muss von den Kindern im Haus sein ... Vielleicht haben sie vorher Ball auf der Wiese gespielt ... Jetzt liegt der Ball einfach nur da, in der Sonne, gleich bei der Regentonne ...

Es ist der Garten der Amseln ...

Und nun kommt die Traumreise langsam zum Ende, und du kehrst zurück in den Raum ... Du spürst wieder den Raum um dich und hörst seine Geräusche ... Die Ruhe ist weiter in dir. Und die Kraft. Du spürst vielleicht, wie die Ruhe und die Kraft in dir stärker geworden sind ... Die Augen können sich wieder öffnen ... Atme tief durch! Reck dich und streck dich ...

Die Biene

Mach es dir ganz bequem ... Während du dich noch räkelst, kannst du schon beginnen, angenehm ruhiger zu werden ... Deine Augen können noch offen bleiben und auch zu ruhen beginnen – oder sie können sich schließen und die angenehme Ruhe spüren ... Du hörst vielleicht noch Geräusche um dich, im Raum ... oder von draußen ... Und irgendwann können die Geräusche und jede Bewegung ganz gleichgültig werden ... Und du spürst vielleicht schon, wie gut es sich anfühlt, einfach so da zu sein und eine Traumreise zu erleben ..., sich alles genau vorzustellen ..., alles selbst ganz mitzuerleben ... und in sich zu sehen ... und in sich zu spüren ...

Eine Biene fliegt über den Gartenzaun ... Ihre Flügel schlagen ganz schnell, so dass sie kaum zu sehen sind ... Aber sie summt ganz gemütlich, denn sie sucht nach den schönsten Blumen des Gartens ...

Auf einer Kleeblüte lässt sie sich nieder und saugt vom süßen Nektar ... Dann fliegt sie auf, zur nächsten Kleeblüte ...

Eine dicke Fliege summt an ihr vorbei, doch die Biene lässt sich nicht stören ... Vielleicht spürt sie das warme Licht der Sonne ... Vielleicht lauscht sie den Liedern der Vögel ...

Jetzt fliegt sie zu den Blumenbeeten am Haus ...

Eine Blume nach der anderen fliegt sie ab und sucht nach dem süßen Nektar ... Den frisst sie nicht selbst, den sammelt sie für die anderen, zu Hause in ihrem Stock ...

Manche Blumen haben viel Nektar, andere weniger, manche gar nichts – da war vielleicht schon eine andere Biene ... oder eine Hummel ... oder ein Schmetterling ...

Die Biene freut sich an allem ... Wenn es viel ist, freut sie sich an viel ... wenn es wenig ist, freut sie sich an wenig ... wenn gar kein Nektar mehr da ist, freut sie sich an der schönen Blume und fliegt weiter, zur nächsten ...

Für heute aber hat sie genug gesammelt ... Sie schwingt noch einmal hinein in den Himmel, in den warmen Wind und den Vogelgesang im Garten der Amseln ... Dann fliegt sie über den Gartenzaun fort, nach Hause, zu ihrem Bienenstock, wo die anderen warten ...

Und nun kommt die Traumreise langsam zum Ende, und du kehrst zurück in den Raum ... Du spürst wieder den Raum um dich und hörst seine Geräusche ... Die Ruhe ist weiter in dir. Und die Kraft. Du spürst vielleicht, wie die Ruhe und die Kraft in dir stärker geworden sind ... Die Augen können sich wieder öffnen ... Atme tief durch! Reck dich und streck dich ...

Der Mond

Mach es dir ganz bequem ... Während du dich noch räkelst, kannst du schon beginnen, angenehm ruhiger zu werden ... Deine Augen können noch offen bleiben und auch zu ruhen beginnen – oder sie können sich schließen und die angenehme Ruhe spüren ... Du hörst vielleicht noch Geräusche um dich, im Raum ... oder von draußen ... Und irgendwann können die Geräusche und jede

Bewegung ganz gleichgültig werden ... Und du spürst vielleicht schon, wie gut es sich anfühlt, einfach so da zu sein und eine Traumreise zu erleben ..., sich alles genau vorzustellen ..., alles selbst ganz mitzuerleben ... und in sich zu sehen ... und in sich zu spüren ...

Stell dir eine schöne Vollmondnacht im Sommer vor, im Garten der Amseln ... Der Mond ist über die Wipfel der Bäume gestiegen, in die Mitte der Sterne ... Der Garten liegt unter seinem silbernen Licht ... Es ist wunderbar hell in dieser Nacht ...

Kleine Geräusche machen die Stille noch tiefer ... Blätter rascheln ... Ein Vogel bewegt sich in seinem Nest ... Vielleicht träumt er ...

Vielleicht könnte der Vogel vom Vogelgesang träumen ... Vielleicht vom Fliegen ... Vielleicht vom silbernen Mond ...

Kleine Lichtfunken bewegen sich bei den Büschen – Glühwürmchen sind es, die dort tanzen ...

Ein Glückskleeblatt steht mitten im Mondlicht ... Wie es sich reckt und streckt unter dem silbernen Schein ...

Vom Teich tönt Wasser. Vielleicht hat dort ein Fisch mit seinem Maul den Himmel angestupst ... Vielleicht ist ein Tropfen vom Himmel gefallen, ein Tropfen von Glück ... Im Mondlicht laufen Wellenkreise ...

Der Mond ist ein kleines Stück weitergewandert ... Wenn ihn einer beobachtet, ist die Bewegung nicht zu sehen ... Aber wenn man nach einer Weile nochmal zu ihm aufschaut, ist deutlich, dass der Mond sich langsam bewegt ...

Die Bewegung des Mondes ist still und langsam ... Aber nichts auf der Welt kann sie aufhalten ... Im Stillen und Langsamen liegt eine große Kraft ...

Eine Wolke schiebt sich langsam vor den Mond – er wird dunkel ... Auch im Garten wird es dunkler .. aber nicht ganz ... Etwas vom Licht des Mondes durchdringt auch die Wolke ... Etwas vom Licht des Mondes strömt um die

Wolke herum ...

Bald ist die Wolke weitergezogen und der Mond scheint wieder wie vorher ... Seine Kraft ist immer da, auch wenn sie einmal kaum zu sehen ist ... Sie ist dann unsichtbar – und taucht irgendwann wieder auf ...

Und nun kommt die Traumreise langsam zum Ende, und du kehrst zurück in den Raum ... Du spürst wieder den Raum um dich und hörst seine Geräusche ... Die Ruhe ist weiter in dir. Und die Kraft. Du spürst vielleicht, wie die Ruhe und die Kraft in dir stärker geworden sind ... Die Augen können sich wieder öffnen ... Atme tief durch! Reck dich und streck dich ...

Das Spinnennetz

Mach es dir ganz bequem ... Während du dich noch räkelst, kannst du schon beginnen, angenehm ruhiger zu werden ... Deine Augen können noch offen bleiben und auch zu ruhen beginnen – oder sie können sich schließen und die angenehme Ruhe spüren ... Du hörst vielleicht noch Geräusche um dich, im Raum ... oder von draußen ... Und irgendwann können die Geräusche und jede Bewegung ganz gleichgültig werden ... Und du spürst vielleicht schon, wie gut es sich anfühlt, einfach so da zu sein und eine Traumreise zu erleben ..., sich alles genau vorzustellen ..., alles selbst ganz mitzuerleben ... und in sich zu sehen ... und in sich zu spüren ...

Zwischen Dach und Wand des Gartenhäuschens hängt ein Spinnennetz ... Gestern war es noch nicht hier. Das muss wohl eine Spinne in der Nacht gewebt haben ...

Die feinen Fäden des Netzes halten kunstvoll zusammen ... Wenn ein Wind geht, zittern sie leicht ...

Eine fette Fliege brummt am Spinnennetz vorbei, hinüber zum Teich – Glück gehabt! Die Fäden des Netzes sind klebrig, leicht kann sich jemand so Kleines in ihnen verfangen! ...

Das Spinnennetz hängt einfach nur da ... Die Töne des Vogellieds gehen durch es hindurch ... Der Wind geht durch es hindurch ... Auch dieses Staubkorn, das im Himmel tanzt, weht leicht durch den freien Raum zwischen den Fäden ...

Nun treibt das Schirmchen einer Pusteblume heran – und bleibt hängen ... Da hängt es nun, hoch über dem Boden ... Ob es sich wieder lösen kann? ...

Vielleicht reißt der Wind es heraus und es fliegt weiter ...

Vielleicht zerstört der Regen das Spinnennetz und das Schirmchen fällt mit den Tropfen zu Boden ...

Vielleicht wischt der Vater mit dem Besen das Spinnennetz weg und das Schirmchen findet seinen Platz in der Erde, wo es wachsen kann, zu einem Löwenzahn ...

Aber jetzt hängt das Spinnennetz noch da, und der Wind zerrt leicht am Schirmchen, viel zu schwach, um es lösen zu können ...

Die Vögel singen den ganzen Tag im Garten der Amseln ... Die Sonne scheint auf alles herab ...

Und nun kommt die Traumreise langsam zum Ende, und du kehrst zurück in den Raum ... Du spürst wieder den Raum um dich und hörst seine Geräusche ... Die Ruhe ist weiter in dir. Und die Kraft. Du spürst vielleicht, wie die Ruhe und die Kraft in dir stärker geworden sind ... Die Augen können sich wieder öffnen ... Atme tief durch! Reck dich und streck dich ...

Der Frosch

Mach es dir ganz bequem ... Während du dich noch räkelst, kannst du schon beginnen, angenehm ruhiger zu werden ... Deine Augen können noch offen bleiben und auch zu ruhen beginnen – oder sie können sich schließen und die angenehme Ruhe spüren ... Du hörst vielleicht noch Geräusche um dich, im Raum ... oder von draußen ... Und irgendwann können die Geräusche und jede Bewegung ganz gleichgültig werden ... Und du spürst vielleicht schon, wie gut es sich anfühlt, einfach so da zu sein und eine Traumreise zu erleben ..., sich alles genau vorzustellen ..., alles selbst ganz mitzuerleben ... und in sich zu sehen ... und in sich zu spüren ...

Hinter dem Haus liegt der Teich. An einer Stelle des Ufers steht Schilf. An einer anderen geht die Wiese bis an das Wasser. Dort sitzt ein Fosch ...

Der Fosch sitzt ganz still ... Um ihn tönt Vogelgesang ... Um ihn bewegen sich die Grashalme im leichten Wind ... Und die Schilfrohre scheinen zu sprechen, wenn der Wind sie bewegt und sie gegeneinander schlagen ... Der Fosch aber sitzt ganz still ...

Über dem Teich ziehen die Wolken am Himmel ... Auch im Teich sind Wolken zu sehen, die spiegeln sich dort ... Wo das Wasser zu Ende ist, scheinen die Wolken in die Erde hineinzuziehen ... Über dem Teich ziehen sie weiter am Himmel ... Der Frosch aber sitzt ganz still ...

Im Teich ziehen Fische ihre Bahnen ... Die leichte Bewegung ihrer Flossen im Wasser ... Die leichte Bewegung der Fische durch den Teich ... Der Frosch aber sitzt ganz still ...

Fliegen summen über das Wasser ... Manche sind dick, manche sind klein .... Manche summen lauter, manche leiser ... Manche fliegen schnell, andere langsam ... Der Frosch aber sitzt ganz still ...

Vielleicht spürt der Frosch die Ruhe im Garten ... Vielleicht spürt der Frosch die Leichtigkeit der Wolken ... Vielleicht spürt der Frosch die Wärme der Sonne ... Der Frosch sitzt ganz still ...

Dann bewegt sich der Frosch – er springt hinein in den Teich ... Da treibt er durch das Wasser, zur Insel hin ...

Und nun kommt die Traumreise langsam zum Ende, und du kehrst zurück in den Raum ... Du spürst wieder den Raum um dich und hörst seine Geräusche ... Die Ruhe ist weiter in dir. Und die Kraft. Du spürst vielleicht, wie die Ruhe und die Kraft in dir stärker geworden sind ... Die Augen können sich wieder öffnen ... Atme tief durch! Reck dich und streck dich ...

Das Windspiel

Mach es dir ganz bequem ... Während du dich noch räkelst, kannst du schon beginnen, angenehm ruhiger zu werden ... Deine Augen können noch offen bleiben und auch zu ruhen beginnen – oder sie können sich schließen und die angenehme Ruhe spüren ... Du hörst vielleicht noch Geräusche um dich, im Raum ... oder von draußen ... Und irgendwann können die Geräusche und jede Bewegung ganz gleichgültig werden ... Und du spürst vielleicht schon, wie gut es sich anfühlt, einfach so da zu sein und eine Traumreise zu erleben ..., sich alles genau vorzustellen ..., alles selbst ganz mitzuerleben ... und in sich zu sehen ... und in sich zu spüren ...

Auf der Terrasse des Hauses am Garten der Amseln hängt ein Windspiel von der Decke. Bambusröhren baumeln an Fäden, dazwischen eine Kugel ...

Ein Windstoß kommt und bewegt das Windspiel, die Kugel schlägt an die Röhren, Töne entstehen und wehen mit dem Windstoß davon ...

Aus dem Himmel fällt eine Vogelfeder ... Die Feder kommt auf der Terrasse zu liegen ... Genau unter dem Windspiel liegt sie still ..

Die Töne des Windspiels klingen rundum in die Welt ... Sie klingen über die Wiese ... Sie klingen zu den Bäumen ... Sie klingen über den Gartenzaun ... Sie klingen auf die Vogelfeder hinab ...

Die Lieder der Vögel im Garten klingen mit den Klängen des Windspiels ... Sie stören sich nicht ... Kein Vogellied stört ein anderes ... Kein Ton des Windspiels stört einen anderen Ton ...

Auf der Terrasse stehen zwei leere Stühle ... Zwischen den Stühlen steht ein Trinkglas ... Das Trinkglas ist leer ...

Aber wenn das Windspiel klingt, fängt das Glas dann nicht ein paar Töne auf? ... und ist dann voll von den Tönen? ...

Und wenn der Wind weht, fängt das Glas dann nicht etwas Wind auf? ... und ist dann voll vom Himmel? ...

Das Windspiel tönt immer noch ... Ein Vogel ist weggeflogen, jetzt fliegt noch einer weiterer fort ... Und andere Vögel fliegen vom Nachbarn herüber ...

Und nun kommt die Traumreise langsam zum Ende, und du kehrst zurück in den Raum ... Du spürst wieder den Raum um dich und hörst seine Geräusche ... Die Ruhe ist weiter in dir. Und die Kraft. Du spürst vielleicht, wie die Ruhe und die Kraft in dir stärker geworden sind ... Die Augen können sich wieder öffnen ... Atme tief durch! Reck dich und streck dich ...

Die Sterne

Mach es dir ganz bequem ... Während du dich noch räkelst, kannst du schon beginnen, angenehm ruhiger zu werden ... Deine Augen können noch offen bleiben und auch zu ruhen beginnen – oder sie können sich schließen und die angenehme Ruhe spüren ... Du hörst vielleicht noch Geräusche um dich, im Raum ... oder von draußen ... Und irgendwann können die Geräusche und jede Bewegung ganz gleichgültig werden ... Und du spürst vielleicht schon, wie gut es sich anfühlt, einfach so da zu sein und eine Traumreise zu erleben ..., sich alles genau vorzustellen ..., alles selbst ganz mitzuerleben ... und in sich zu sehen ... und in sich zu spüren ...

Stell dir eine schöne Sommernacht vor ... und den Garten der Amseln, von Sternen erleuchtet ...

Manche der Sterne blinken – das sind Sonnen wie unsere eigene Sonne, nur sehr weit weg, so dass sie ganz klein wirken ... Manche der Sterne blinken kaum – das sind Planeten, die wie unsere Erde um die Sonne ziehen ...

Aber manche Lichter bewegen sich auch ... das sind keine Sterne, sondern Flugzeuge ...

Eigentlich bewegen sich auch die Sterne – aber das geschieht so langsam, dass keiner es sehen kann ... Außer, er schaut später noch einmal zum Himmel, dann sieht er, dass die Sterne gewandert sind ... langsam, ganz langsam ... Auch etwas ganz Langsames kommt voran ... Auch das, das so langsam ist, dass jeder denkt, es käme nicht voran, kommt *doch* voran ... ganz langsam ...

Sternenlicht fällt auf das Gras der Wiese ... Die Gänseblümchen zwischen den Grashalmen haben ihre Blüten geschlossen ... Andere Blumen bleiben auch in der Nacht offen ... Die Bienen aber sind alle im Bienenstock ...

Vielleicht träumen sie dort ... Vielleicht vom Nektar der Blumen ... vielleicht vom Honig, den sie aus dem Nektar machen ... Vielleicht vom Honigbrot, um das sie am Tage gesummt sind, das lag auf einem Teller auf der Terrasse des Hauses ...

Vielleicht träumt eine Biene aber vom Himmel ... von ihrem Flug durch den Himmel ... von der Ruhe des Himmels ... von der Freude des Himmels ... und ihrer eigenen Freude bei ihrem Flug ...

Die Sterne blinken noch immer ... Und eine Grille zirpt, verborgen im Gras ... auch jetzt in der Nacht ... in der Sternennacht ...

Das Zirpen der Grille macht die Stille des Gartens noch tiefer ... In der Stille des Gartens wachsen die Ruhe und die Kraft ... die Ruhe und die Kraft, die jeder in sich trägt ... und die wachsen können ...

Und nun kommt die Traumreise langsam zum Ende, und du kehrst zurück in den Raum ... Du spürst wieder den Raum um dich und hörst seine Geräusche ... Die Ruhe ist weiter in dir. Und die Kraft. Du spürst vielleicht, wie die Ruhe und die Kraft in dir stärker geworden sind ... Die Augen können sich wieder öffnen ... Atme tief durch! Reck dich und streck dich ...

Das Vogelnest

Mach es dir ganz bequem ... Während du dich noch räkelst, kannst du schon beginnen, angenehm ruhiger zu werden ... Deine Augen können noch offen bleiben und auch zu ruhen beginnen – oder sie können sich schließen und die angenehme Ruhe spüren ... Du hörst vielleicht noch Geräusche um dich, im Raum ... oder von draußen ... Und irgendwann können die Geräusche und jede Bewegung ganz gleichgültig werden ... Und du spürst vielleicht schon, wie gut es sich anfühlt, einfach so da zu sein und eine Traumreise zu erleben ..., sich alles genau vorzustellen ..., alles selbst ganz mitzuerleben ... und in sich zu sehen ... und in sich zu spüren ...

Im Garten der Amseln steht ein Apfelbaum. In den haben zwei Vögel ihr Nest gebaut. Tagelang suchten sie in der Umgebung Zweiglein und Rindenstücke und Gras – und flochten damit auf einer Astgabel das Nest. Sogar etwas Plastikfolie ist dazwischengeraten ... Jetzt sitzt immer ein Vogel im Nest ... Denn das Weibchen hat Eier gelegt, die brüten sie aus ...

Gerade aber sind beide Vögel fort. So kann der Wind die Eier sehen ...

Vier Stück sind es, grün, mit braunen Sprenkeln ... Die Eier sind still, ganz still ... Sie scheinen die Ruhe sogar um sich herum zu verbreiten ...

Da fliegt einer der Vögel heran und setzt sich auf die Eier, um sie zu wärmen ...

Der andere Vogel sitzt auf dem Hausdach und singt. Das Lied ist wunderschön, es ist eine Amsel ...

Plötzlich breitet der Vogel die Schwingen aus und fliegt vom Dach auf. Vielleicht hat er sich daran erinnert, etwas zu Fressen zu suchen ...

Von einem anderen Dach singt eine andere Amsel. Vielleicht hat auch sie irgendwo in den Bäumen ein Nest ... Das Laub der Bäume und Büsche ist dicht. Da kann sich viel dazwischen verbergen ...

Über die Wiese fliegt ein Schmetterling. Er hat es in der Sonne am liebsten ...

Die Wärme der Sonne mag auch die Eidechse. Auf den Steinen am Teich hat sie sich niedergelassen und lässt sich bescheinen ...

Die Ruhe ist überall groß. Auch wenn es singt und zirpt. Denn all die Geräusche vertiefen die Ruhe noch ...

Unter den Federn des Vogels im Nest, da vielleicht ist die Ruhe am größten ... Unter den Federn des Vogels im Nest, da vielleicht ist die Wärme am wohligsten ...

Und nun kommt die Traumreise langsam zum Ende, und du kehrst zurück in den Raum ... Du spürst wieder den Raum um dich und hörst seine Geräusche ... Die Ruhe ist weiter in dir. Und die Kraft. Du spürst vielleicht, wie die Ruhe und die Kraft in dir stärker geworden sind ... Die Augen können sich wieder öffnen ... Atme tief durch! Reck dich und streck dich ...

Verwandlung der Pusteblume

Mach es dir ganz bequem ... Während du dich noch räkelst, kannst du schon beginnen, angenehm ruhiger zu werden ... Deine Augen können noch offen bleiben und auch zu ruhen beginnen – oder sie können sich schließen und die angenehme Ruhe spüren ... Du hörst vielleicht noch Geräusche um dich, im Raum ... oder von draußen ... Und irgendwann können die Geräusche und jede Bewegung ganz gleichgültig werden ... Und du spürst vielleicht schon, wie gut es sich anfühlt, einfach so da zu sein und eine Traumreise zu erleben ..., sich alles genau vorzustellen ..., alles selbst ganz mitzuerleben ... und in sich zu sehen ... und in sich zu spüren ...

Auf der Wiese im Garten der Amseln steht eine Pusteblume, zwischen all den anderen Blumen und Grashalmen ...

Ihr langer Stängel, oben die silberne Kugel: Leicht schwankt sie im Wind ...

Ab und zu fliegt etwas an der Pusteblume vorbei: eine dicke Fliege oder eine Biene auf der Suche nach Blumen und Nektar. Und eine Hummel brummt. Gemächlich zieht sie an der Pusteblume vorüber ...

Vielleicht wundert die Hummel sich, wenn sie über der silbernen Kugel brummt. Denn vor ein paar Tagen leuchtete hier gelb ein Löwenzahn ...

Aber vielleicht weiß die Hummel, dass der Löwenzahn sich in diese Pusteblume verwandelt hat ...

Vielleicht weiß sie es, weil sie sich seitdem auch ein wenig verwandelt hat ... Vielleicht weiß sie es, weil sie im Garten kleine Menschen sieht und große Menschen und weil sie weiß, dass die kleinen Menschen zu großen werden, und weil den großen Menschen sich die Haare färben, manchmal fast so silbern wie die Schirmchen des Löwenzahns ...

Der Wind reißt an den Schirmchen der Pusteblume – aber sie halten noch fest ... Der Wind weht durch die große Ruhe des Gartens ...

Das Licht der Sonne liegt auf der Wiese .. Die Sonnenstrahlen sind warm, und was sie berühren nimmt ein wenig von ihrer Wärme in sich auf ... Und wer an die Sonnenstrahlen nur denkt und sie sich vorstellt, nimmt ein wenig von ihrer Wärme in sich auf ...

Die Pusteblume schwankt leicht im warmen Wind ... Über dem ganzen Garten der Amseln liegt etwas wie ein Lächeln ... Und eine Ruhe ... Und eine Kraft ... Die immer noch größer werden ... Die immer noch wachsen ...

Und nun kommt die Traumreise langsam zum Ende, und du kehrst zurück in den Raum ... Du spürst wieder den Raum um dich und hörst seine Geräusche ... Die Ruhe ist weiter in dir. Und die Kraft. Du spürst vielleicht, wie die Ruhe und die Kraft in dir stärker geworden sind ... Die Augen können sich wieder öffnen ... Atme tief durch! Reck dich und streck dich ...

Prinzessin und Ritter Blech

Ritter Blech im Garten

Mach es dir ganz bequem ... Während du dich noch räkelst, kannst du schon beginnen, angenehm ruhiger zu werden ... Deine Augen können noch offen bleiben und auch zu ruhen beginnen – oder sie können sich schließen und die angenehme Ruhe spüren ... Du hörst vielleicht noch Geräusche um dich, im Raum ... oder von draußen ... Und irgendwann können die Geräusche und jede Bewegung ganz gleichgültig werden ... Und du spürst vielleicht schon, wie gut es sich anfühlt, einfach so da zu sein und eine Traumreise zu erleben ..., sich alles genau vorzustellen ..., alles selbst ganz mitzuerleben ... und in sich zu sehen ... und in sich zu spüren ...

Die Tür vom Haus zum Garten der Amseln steht offen. Frische Luft strömt in das Wohnzimmer. Auf dem Sofa sitzt Ritter Blech. Eigentlich wohnt er im Kinderzimmer auf dem Regal mit dem Spielzeug. Leon hat ihn gestern beim Zubettgehen vergessen ...

Ritter Blech öffnet ein Auge ... Als er sieht, dass die Luft rein ist, öffnet er auch das andere Auge ...

Durch die Tür fällt ein Lichtstrahl. Staubflocken tanzen in ihm ... Ritter Blech schaut ein Weilchen den Staubflocken zu ...

‚Ob die Flöckchen vielleicht eine Musik hören und zu ihr tanzen?', fragt er sich. ‚Eine Musik, die nur die Flöckchen hören und nicht ich?' ... Ritter Blech klettert vom Sofa hinunter und geht in den Garten. Das hat er noch nie getan ...

Im Garten *gibt* es eine Musik. Es sind die Lieder der Vögel. Ritter Blech geht über die Wiese ...

Der Duft des Grases ... Das warme Licht ... Die Melodien

der Bäume ... Sind es die Bäume, die rauschen und singen oder sind es der Wind und die Vögel? ... Das Rauschen ist schön ... Die Lieder sind schön ...

Vor einem Gartenzwerg bleibt Ritter Blech stehen. „Hallo, Oskar", sagt er und knirscht mit der Rüstung.

Oskar lächelt ihn an, aber er antwortet nicht. Vielleicht, weil er immer lächelt und nicht antworten kann. Er hält eine Laterne ohne Licht in der Hand ...

Die Strahlen der Sonne sind heller als jede Laterne. Ritter Blech geht weiter über die Wiese ...

An der Pusteblume bleibt er stehen. Soll er die Schirmchen in den Himmel pusten? Oder soll er sie einfach betrachten? ... Eine Weile überlegt er, dann kniet er sich hin und freut sich an der Schönheit der silbernen Kugel ...

Eine Biene summt an Ritter Blech und der Pusteblume vorbei ... Ritter Blech hebt den Kopf, dass seine Scharniere nur so knirschen, und schaut ihr nach ... Schon ist sie im Himmel verschwunden ...

Ein Schmetterling lässt sich auf der Nachbarblume nieder. Ritter Blech hält den Atem an ... Der Schmetterling krabbelt auf der blauen Blume ... Dann steht er still und öffnet seine Flügel ... Er lässt seine Flügel von der Sonne bescheinen ...

Ritter Blech schaut regungslos auf den Schmetterling ... Er spürt die Ruhe in ihm ... Und er spürt die Wärme der Sonne ... Er spürt die Ruhe und die Wärme auch in sich selbst ...

Plötzlich fliegt der Schmetterling auf und flattert hoch in den Himmel ... Auch Ritter Blech steht wieder auf. Er geht über die Wiese zum Haus zurück ...

Die Tür steht noch offen. Ritter Blech tappt über den Fußboden zum Sofa. Mühsam klettert er wieder hinauf.

Ritter Blech setzt sich wieder auf das Sofa. Hier ist es schön! Aus dem Garten der Amseln tönen noch immer die Lieder der Vögel ...

Ritter Blech schließt ein Auge. Er spürt die Ruhe in sich – und die Wärme ... So schließt er auch noch das andere Auge. Die Lieder sind immer noch da ...

Und nun kommt die Traumreise langsam zum Ende, und du kehrst zurück in den Raum ... Du spürst wieder den Raum um dich und hörst seine Geräusche ... Die Ruhe ist weiter in dir. Und die Kraft. Du spürst vielleicht, wie die Ruhe und die Kraft in dir stärker geworden sind ... Die Augen können sich wieder öffnen ... Atme tief durch! Reck dich und streck dich ...

Spüren ...

Mach es dir ganz bequem ... Während du dich noch räkelst, kannst du schon beginnen, angenehm ruhiger zu werden ... Deine Augen können noch offen bleiben und auch zu ruhen beginnen – oder sie können sich schließen und die angenehme Ruhe spüren ... Du hörst vielleicht noch Geräusche um dich, im Raum ... oder von draußen ... Und irgendwann können die Geräusche und jede Bewegung ganz gleichgültig werden ... Und du spürst vielleicht schon, wie gut es sich anfühlt, einfach so da zu sein und eine Traumreise zu erleben ..., sich alles genau vorzustellen ..., alles selbst ganz mitzuerleben ... und in sich zu sehen ... und in sich zu spüren ...

Die Tür zum Garten der Amseln steht offen. Ritter Blech sitzt regungslos auf dem Sofa. Plötzlich geht ein Ruck durch ihn und er öffnet ein Auge. Eine Weile schaut er nur auf das Spiel des Lichts auf den Fensterscheiben. Dann öffnet er auch das andere Auge ...

Neben Ritter Blech sitzt eine Puppe auf dem Sofa. Sie heißt *Prinzessin*. Ein Zittern geht durch ihren Körper. Dann öffnet sie beide Augen auf einmal. „Das Licht ist schön", flüstert sie und reckt sich.

Sie klettern zusammen vom Sofa herunter und gehen hinaus in den Garten, hinein in das Licht.

„Spürst du das?", fragt Prinzessin. „Es fühlt sich ganz anders an, auf der Wiese zu laufen, als drinnen im Haus."

„Ich spüre es", sagt Ritter Blech.

Vielleicht ist es eigentlich schwer, vieles gleichzeitig zu tun. Vielleicht ist es schwer, das Gras unter sich zu spüren, die Lieder der Vögel zu hören, den anderen neben sich zu hören, den Duft des Grases zu riechen, die ganze Wiese zu betrachten und die Bäume und Hecken dazu – und auch noch zu laufen dabei! Das geht nur, wenn man das meiste vergisst und nur eines davon richtig macht. – Aber alles ist schön!

„Wir wollen jetzt alles nacheinander machen", sagt Prinzessin, „und bei jedem ein Weilchen bleiben."

„Womit fangen wir an?", scheppert Ritter Blech.

„Mit dem Spüren", antwortet Prinzessin.

So gehen sie über die Wiese und spüren nur, wie sich das Gras unter den Füßen anfühlt.

Am Teich halten sie und schauen ein Weilchen ins Wasser, sie betrachten nur die kreisenden Fische.

Dann lauschen sie ganz den Liedern der Vögel.

„Wir haben das Riechen vergessen", sagt Prinzessin, als sie gerade zurück zum Haus wollen. So gehen sie noch an den Zaun zu den Hecken und riechen an den Blüten.

„Der Wind bringt von überall her noch Düfte dazu und vermischt sie", sagt Ritter Blech.

„Zu riechen ist schön", sagt Prinzessin.

Dann reißt sie ein Himbeerblatt ab und steckt es sich in den Mund.

„Das kann man nicht essen!", meint Ritter Blech.

„Weil wir sonst zu schmecken nichts haben", sagt Prinzessin, „die Himbeeren blühen doch erst und haben noch keine Früchte."

Sie gehen zurück zum Haus. Die Schritte im Wohnzimmer sind wieder ganz anders. Schweigend steigen sie auf das Sofa und setzen sich hin.

Irgendwo im Haus schlägt eine Tür. Irgendwo im Haus gehen Schritte, kommen näher ...

Prinzessin lehnt sich zurück und schließt ihre Augen. Ritter Blech sitzt ganz aufrecht. Seine Augen hat er schon beide geschlossen.

Und nun kommt die Traumreise langsam zum Ende, und du kehrst zurück in den Raum ... Du spürst wieder den Raum um dich und hörst seine Geräusche ... Die Ruhe ist weiter in dir. Und die Kraft. Du spürst vielleicht, wie die Ruhe und die Kraft in dir stärker geworden sind ... Die Augen können sich wieder öffnen ... Atme tief durch! Reck dich und streck dich ...

Das Glückskleeblatt

Mach es dir ganz bequem ... Während du dich noch räkelst, kannst du schon beginnen, angenehm ruhiger zu werden ... Deine Augen können noch offen bleiben und auch zu ruhen beginnen - oder sie können sich schließen und die angenehme Ruhe spüren ... Du hörst vielleicht noch Geräusche um dich, im Raum ... oder von draußen ... Und irgendwann können die Geräusche und jede Bewegung ganz gleichgültig werden ... Und du spürst vielleicht schon, wie gut es sich anfühlt, einfach so da zu sein und eine Traumreise zu erleben ..., sich alles genau vorzustellen ..., alles selbst ganz mitzuerleben ... und in sich zu sehen ... und in sich zu spüren ...

Auf der Wiese hinter dem Haus steht Gras. An einer Stelle nahe der Himbeerhecken wächst grüner Klee ...

Bienen fliegen über das Gras und den Klee ... Fliegen summen über das Gras und den Klee ... Ein Schmetterling tanzt unhörbar über dem Gras und dem Klee ... Oder ist da vielleicht doch ein kleines Geräusch zu hören, ganz leise, ein Geräusch von Schmetterlingsflügeln ... ein Geräusch des Windes ...

Im Birnbaum singt eine Amsel. Ihr Lied hört jeder, weit und breit ... Aber nicht jeder hört zu ...

Vielleicht hört der Birnbaum zu, in dem die Amsel sitzt und singt ...

Vielleicht hört der Teich zu, der hinter der Wiese liegt ...

Vielleicht hört das Haus zu, an dem die Wiese und der Birnbaum liegen ...

Vielleicht hört der Klee zu, mit seinen drei grünen Blättern ...

Inmitten des Klees sieht *ein* Pflänzchen anders aus. Statt drei Blättern hat es vier. Es ist ein Glückskleeblatt ...

Gerade brummt eine Hummel über das Glückskleeblatt hin ... Die Luftwirbel ihrer Flügel bewegen das Blatt leicht ... Es wiegt hin, es wiegt her – die Hummel ist schon im Himmel verschwunden ...

Wenn es regnet, dann regnet es auf die Grashalme, dann regnet es auf den Klee, dann regnet es auf das Glückskleeblatt ...

Wenn die Sonne scheint, dann liegt das Licht der Sonne auf dem Gras, dann liegt das Licht der Sonne auf dem Klee, dann liegt das Licht der Sonne auf dem Glückskleeblatt ...

Manchmal fühlt sich das Glückskleeblatt so wohl unter all dem anderen Klee um sich herum ... Manchmal meint es, dass die Sonne gerade auf es selbst am schönsten scheint ...

Ein Marienkäfer ist den Stiel des Glückskleeblattes hinaufgestiegen. Nun ruht er sich aus und lässt sich von der Sonne bescheinen ... Und nun öffnet der Marienkäfer seine Flügel und fliegt in den Himmel hinein ...

Das Glückskleeblatt bleibt zurück ... Leicht schwankt es hin und her, leicht wiegt es sich hin und her, im warmen Licht der Sonne ...

Die Amsel singt immer noch ... Es ist der Garten der Amseln ... Das Licht der Sonne scheint immer noch freundlich auf die Wiese hinab ...

Und nun kommt die Traumreise langsam zum Ende, und du kehrst zurück in den Raum ... Du spürst wieder den Raum um dich und hörst seine Geräusche ... Die Ruhe ist weiter in dir. Und die Kraft. Du spürst vielleicht, wie die Ruhe und die Kraft in dir stärker geworden sind ... Die Augen können sich wieder öffnen ... Atme tief durch! Reck dich und streck dich ...

Regen

Mach es dir ganz bequem ... Während du dich noch räkelst, kannst du schon beginnen, angenehm ruhiger zu werden ... Deine Augen können noch offen bleiben und auch zu ruhen beginnen – oder sie können sich schließen und die angenehme Ruhe spüren ... Du hörst vielleicht noch Geräusche um dich, im Raum ... oder von draußen ... Und irgendwann können die Geräusche und jede Bewegung ganz gleichgültig werden ... Und du spürst vielleicht schon, wie gut es sich anfühlt, einfach so da zu sein und eine Traumreise zu erleben ..., sich alles genau vorzustellen ..., alles selbst ganz mitzuerleben ... und in sich zu sehen ... und in sich zu spüren ...

Die Tür zum Garten der Amseln steht offen. Regen rauscht. Ritter Blech und Prinzessin sitzen auf dem Sofa und lauschen ...

Sie hören das Fallen der Tropfen ... Sie hören die Töne der Blätter, wenn Tropfen auf sie fallen ... Sie hören die Klänge des Grases ... Sie hören die Klänge des Teichs ... Sie hören auch eine Amsel, die unverdrossen im Apfelbaum singt ...

Wenn der Regen schwächer wird, ändern sich all die kleinen Geräusche ... Wenn der Regen lauter wird, ändern sich die Geräusche wieder ... Nur der Gesang der Amsel bleibt gleich ... Aber mal ist er stärker, mal ist er schwächer zu hören, hinter dem Vorhang des Regens ...

„Hörst du den Regen?", fragt Prinzessin.

„Ich höre so viel", sagt Ritter Blech, „und das meiste gehört irgendwie zum Regen dazu."

Sie lauschen wieder ...

„Gehen wir doch ein wenig hinaus!", sagt Ritter Blech.

„In den Regen?", fragt Prinzessin und blinzelt. „Du wirst verrosten!"

„Ein bisschen Regen macht nichts", sagt Ritter Blech. „Neulich hat mich Leon mit Wasser bespritzt und ich bin nicht verrostet."

„Nur, weil er dich gleich abgetrocknet hat!", sagt Prinzessin.

„Ein bisschen Regen macht nichts", wiederholt Ritter Blech. Doch er bleibt sitzen.

Das Rauschen des Regens wird schwächer ... Bald hört es ganz auf ... Ritter Blech klettert vom Sofa hinunter. Prinzessin folgt ihm. Sie gehen hinaus in den Garten ...

An den Grashalmen glänzen Regentropfen ... Die Luft ist klar und rein ... Da flattert schon wieder ein Schmetterling! ...

Wo der Schmetterling wohl während des Regens war? ... Vielleicht hatte er sich irgendwo versteckt, unter dem Dach des Gartenhäuschens etwa ... Oder zwischen den Holzscheiten, die an der Wand des Gartenhäuschens gestapelt sind ...

Da summt eine Biene ...

Manche Blumen haben ihr Köpfchen tief geneigt, weil es schwer vom Regen ist ... Bei anderen lief der Regen schon ab und versickerte in der Erde ... Und überall verdunstet er nun, steigt als Dampf in den Himmel zurück ...

„Schau mal!", sagt Ritter Blech und deutet hinauf in den Himmel: „Ein Regenbogen!" ...

Prinzessin ist stehen geblieben und schaut hinauf. Tatsächlich: Dort spannt sich ein bunter Bogen durch den Himmel ...

„Regen ist schön!", sagt Prinzessin.

„Aber wenn es aufhört zu regnen, ist das auch schön", sagt Ritter Blech ... Und tatsächlich bricht gerade jetzt die Sonne zwischen den Wolken durch ... Ein paar Strahlen fallen auf Prinzessins Gesicht. „Ah", sagt sie und schließt die Augen.

„Ah!", sagt Ritter Blech, der auch ein paar Sonnenstrahlen abbekommen hat.

So stehen sie eine Weile im Garten und lassen sich von der Sonne bescheinen ... Sie spüren die Ruhe der Sonne ... Sie spüren die Wärme der Sonne ...

Die Amsel singt immer noch ...

Und nun kommt die Traumreise langsam zum Ende, und du kehrst zurück in den Raum ... Du spürst wieder den Raum um dich und hörst seine Geräusche ... Die Ruhe ist weiter in dir. Und die Kraft. Du spürst vielleicht, wie die Ruhe und die Kraft in dir stärker geworden sind ... Die Augen können sich wieder öffnen ... Atme tief durch! Reck dich und streck dich ...

Den Tieren lauschen

Mach es dir ganz bequem ... Während du dich noch räkelst, kannst du schon beginnen, angenehm ruhiger zu werden ... Deine Augen können noch offen bleiben und auch zu ruhen beginnen – oder sie können sich schließen und die angenehme Ruhe spüren ... Du hörst vielleicht noch Geräusche um dich, im Raum ... oder von draußen ... Und irgendwann können die Geräusche und jede Bewegung ganz gleichgültig werden ... Und du spürst vielleicht schon, wie gut es sich anfühlt, einfach so da zu sein und eine Traumreise zu erleben ..., sich alles genau vorzustellen ..., alles selbst ganz mitzuerleben ... und in sich zu sehen ... und in sich zu spüren ...

Am Gartenzaun stehen Hecken. In einer davon ist gerade ziemlich viel los: Flügelschlagen, Tschilpen, Hin- und Herflattern – jetzt stürzt eine Schar Spatzen heraus, dreht eine Runde im Himmel über dem Garten der Amseln – und stürzt wieder in die Hecke zurück, wo das Tschilpen noch heftiger wird ...

Auf der Wiese stehen Sarah und Leon und schauen zur Hecke. „Da sind Geister drin", behauptet Leon.

„Sind es nicht", antwortet Sarah.

„Aber Kobolde – mindestens! Du hörst doch den Krach!" Leon lässt nicht locker.

„Ich höre Spatzen tschilpen", antwortet Sarah.

„Woher weißt du, dass es Spatzen sind?", fragt Leon.

„Weil es Spatzen sind", antwortet Sarah.

Sie gehen hinüber zum Teich.

Ein paar Goldfische ziehen ihre Kreise im Wasser.

„Die Goldfische sind ganz ruhig", sagt Sarah.

„Vielleicht plappern sie auch, aber wir hören es nicht", meint Leon. – „Ob die Goldfische wohl *uns* hören können?"

„Keine Ahnung", sagt Sarah. „Was meinst du?"

„Ich glaube nicht."

„Aber manchmal tauchen sie weg, wenn wir am Teich stehen und reden", sagt Sarah.

„Ich glaube, sie sehen dann unsere Schatten", sagt Leon. – „Glaubst du, die Vögel hören uns? Die Amseln oder die Spatzen?"

„Ich glaube schon", meint Sarah.

„Aber sie kümmern sich nicht darum, was wir reden", sagt Leon.

„Weil sie uns nicht verstehen", sagt Sarah und setzt dann hinzu: „Wie schön wäre es doch, mit den Tieren reden zu können!"

„Und mit den Bäumen", ergänzt Leon. „Aber wir können auf sie hören. Ein bisschen verstehen wir sie dann auch."

Sie gehen durch den Garten und lauschen auf alles, was ihnen begegnet, was sie von ihm verstehen können ...

Da ist eine Biene, die von Blüte zu Blüte summt ...

Da ist ein Schmetterling, der über das grüne Gras tanzt ...

Da sind noch immer die Spatzen im Busch ...
Da ist eine Amsel, die im Apfelbaum singt ...
Da ist der Wind in den Bäumen ...

Die Wolken am Himmel sind stumm – aber die Kinder verstehen sie trotzdem – weil sie nicht sprechen, aber irgendwie doch etwas sagen, ohne Worte ...

Die Strahlen der Sonne sind stumm – aber die Kinder verstehen auch sie – weil sie nicht sprechen, aber irgendwie doch etwas sagen, ohne Worte ...

Die Bäume rauschen zwar leise im Wind, aber als Leon zum Apfelbaum geht und seine Hände an seine Rinde legt, spürt er noch etwas anderes – im Stamm des Apfelbaums – und in sich selbst ... Eine andere Stimme fast, tiefer, ohne Worte, die trotzdem auch etwas sagen kann, wenn man lauscht ...

Die Mutter ruft. Die Kinder gehen über die Wiese zurück in das Haus ...

Und nun kommt die Traumreise langsam zum Ende, und du kehrst zurück in den Raum ... Du spürst wieder den Raum um dich und hörst seine Geräusche ... Die Ruhe ist weiter in dir. Und die Kraft. Du spürst vielleicht, wie die Ruhe und die Kraft in dir stärker geworden sind ... Die Augen können sich wieder öffnen ... Atme tief durch! Reck dich und streck dich ...

Im Garten das Licht

Mach es dir ganz bequem ... Während du dich noch räkelst, kannst du schon beginnen, angenehm ruhiger zu werden ... Deine Augen können noch offen bleiben und auch zu ruhen beginnen – oder sie können sich schließen und die angenehme Ruhe spüren ... Du hörst vielleicht noch Geräusche um dich, im Raum ... oder von draußen ... Und irgendwann können die Geräusche und jede

Bewegung ganz gleichgültig werden ... Und du spürst vielleicht schon, wie gut es sich anfühlt, einfach so da zu sein und eine Traumreise zu erleben ..., sich alles genau vorzustellen ..., alles selbst ganz mitzuerleben ... und in sich zu sehen ... und in sich zu spüren ...

Ritter Blech kniet in der Wiese zwischen den Grashalmen und Gänseblümchen. Er betrachtet einen Halm ...

„Wie das Grün vom Licht erleuchtet wird!", sagt er.

Prinzessin steht daneben und schweigt.

„Das Licht verändert den Grashalm", sagt Ritter Blech. „Ob das Licht auch uns verändert?"

„Ich weiß nicht", meint Prinzessin.

„Ein Schmetterling hat sich auf ihr Kleid gesetzt. Sie steht ganz ruhig ... Der Schmetterling breitet die Flügel aus. Das Licht der Sonne lässt auch seine Flügel leuchten ...

Ritter Blech ist noch immer mit dem Grashalm beschäftigt. Nun steht er auf. Der Schmetterling wirbelt davon ...

Prinzessin sieht dem tanzenden Schmetterling zu, wie er weiterflattert und sich schließlich im Himmel verliert. Auch Ritter Blech hat den Schmetterling entdeckt und schaut ihm nach ...

Eine dicke Fliege schwirrt um seine Nase, ganz dicht ... Und verschwindet wieder im Himmel ...

„Alles kommt und geht", sagt Ritter Blech. „Nur das Licht der Sonne scheint zu stehen."

Da zieht eine Wolke vor die Sonne und ihr Schatten legt sich über den Garten ...

Ritter Blech und Prinzessin stehen ein Weilchen und spüren, wie es im Schatten kühler wird ...

Bald ist die Wolke weitergezogen und das Sonnenlicht fällt wieder auf den Garten ...

„Spürst du, wie es wärmer wird?", fragt Prinzessin.

„Ja", sagt Ritter Blech.

Sie gehen hinüber zum Teich.

Die Schildkröte sitzt auf der Insel und lässt sich den Panzer bescheinen. Ihren Kopf hat sie herausgestreckt und wiegt ihn im Licht ...

„Das Licht mögen alle", sagt Prinzessin.

„Niemals mögen alle dasselbe", behauptet Ritter Blech.

„Außer das Licht", meint Prinzessin.

„Die Fische leben lieber im Wasser, wo das Licht nicht gut hinkommt", sagt Ritter Blech.

„Aber wenn es hinkommt, dann lieben sie es auch", behauptet Prinzessin.

„Ich mag die Sonne nicht, wenn sie meine Rüstung aufheizt", sagt Ritter Blech.

Prinzessin schweigt ...

Ringsum in den Bäumen singen Vögel ... Die meisten sitzen im Schatten des Laubs ... Aber manche fliegen auch hinein in den Himmel ... Vielleicht, um nach Mücken zu jagen ... vielleicht wegen der Wärme des Lichts ... vielleicht, um einfach zu fliegen ... die Schwingen bewegen zu können ... den Wind am Körper zu spüren ... die eigene Bewegung zu spüren ...

Im Teich kommt ein Fisch aus dem Dunkel hoch und stupst mit seinem Maul in den Himmel ... Wellenkreise ziehen über das Wasser ... Das Licht auf dem Wasser aber tanzt ...

Und nun kommt die Traumreise langsam zum Ende, und du kehrst zurück in den Raum ... Du spürst wieder den Raum um dich und hörst seine Geräusche ... Die Ruhe ist weiter in dir. Und die Kraft. Du spürst vielleicht, wie die Ruhe und die Kraft in dir stärker geworden sind ... Die Augen können sich wieder öffnen ... Atme tief durch! Reck dich und streck dich ...

Der Trittstein

Mach es dir ganz bequem ... Während du dich noch räkelst, kannst du schon beginnen, angenehm ruhiger zu werden ... Deine Augen können noch offen bleiben und auch zu ruhen beginnen – oder sie können sich schließen und die angenehme Ruhe spüren ... Du hörst vielleicht noch Geräusche um dich, im Raum ... oder von draußen ... Und irgendwann können die Geräusche und jede Bewegung ganz gleichgültig werden ... Und du spürst vielleicht schon, wie gut es sich anfühlt, einfach so da zu sein und eine Traumreise zu erleben ..., sich alles genau vorzustellen ..., alles selbst ganz mitzuerleben ... und in sich zu sehen ... und in sich zu spüren ...

Vom Haus gehen Trittsteine in den Garten der Amseln hinein – bis zum Gartenhäuschen. Eine der runden Steinplatten trägt den Abdruck eines Kastanienblatts ...

Wenn der Trittstein erzählen könnte, was würde er wohl alles erzählen! ...

Vielleicht spräche er davon, wie er und seine Geschwister entstanden sind ...

Der Vater aus dem Haus hatte eine flache Grube ausgegraben und mit Folie ausgelegt. Dort goss er Beton hinein und ließ ihn hart werden. So entstand Stein um Stein ...

Und bei *einem* Stein hat er eben ein Kastanienblatt aufgelegt, als er noch nicht fest war, so kam das Muster hinein ...

Vielleicht spräche der Trittstein davon, wie er und seine Geschwister im Garten der Amseln verlegt worden sind ... vom Haus zum Gartenhäuschen, zwischen jedem der Geschwister ein bisschen Platz ...

Vielleicht spräche er davon, wie um ihn das Gras wächst, immer höher wird – bis dann der Rasenmäher kommt und es kürzt ...

Oder wie Blumen um ihn herum wachsen, und wie manche gepflückt werden zu einem Strauß, der steht dann im Wohnzimmer auf dem Tisch ...

Oder der Trittstein erzählte vom Summen der Insekten, das den Himmel erfüllen kann, wenn es Sommer ist ...

Oder der Trittstein erzählte, wie sich Regen anfühlt, der auf ihn fällt ... und wie sich Schnee anfühlt ... oder gar Hagel ...

Vielleicht erzählte der Trittstein am liebsten vom Sonnenschein, der ihn wärmt ...

Vielleicht erzählte er, wie sich Fliegenbeine anfühlen, wenn sie über ihn krabbeln ... Oder wie sich die Beine eines Schmetterlings anfühlen ...

Vielleicht erzählte der Trittstein, wie es sich anfühlt, wenn ein Käfer schnell über ihn läuft ... Oder er spräche davon, wie eine Schnecke ihn langsam, ganz langsam überquert, im Laufe eines Vormittags ... Oder er erzählte von den Schritten der Kinder ...

Vielleicht erzählte der Trittstein von den Liedern der Vögel, die den ganzen Tag um ihn branden – und wie sich die Lieder der Vögel im Lauf eines Tages verändern ... Dass sie am Morgen am schönsten sind, dass sie in der Nacht verstummen ... Bis auf die Nachtigall, die dann erst singt ...

Vielleicht erzählte der Trittstein von der Düften des Gartens, wie sie sich verändern im Laufe eines ganzen Jahres ...

Aber der Trittstein liegt einfach nur da, im Garten der Amseln, einer der Steine zwischen dem Haus und dem Gartenhäuschen ... Ob es nun regnet, ob es schneit oder die Sonne heiß brennt, immer liegt er da und trägt alles ...

Der Trittstein hat alle Ruhe des Gartens in sich versammelt ... alle Ruhe des Gartens, die um ihn immer noch größer wird ...

Und nun kommt die Traumreise langsam zum Ende, und du kehrst zurück in den Raum ... Du spürst wieder den Raum um dich und hörst seine Geräusche ... Die Ruhe ist weiter in dir. Und die Kraft. Du spürst vielleicht, wie die Ruhe und die Kraft in dir stärker geworden sind ... Die Augen können sich wieder öffnen ... Atme tief durch! Reck dich und streck dich ...

Am Zaun

Mach es dir ganz bequem ... Während du dich noch räkelst, kannst du schon beginnen, angenehm ruhiger zu werden ... Deine Augen können noch offen bleiben und auch zu ruhen beginnen – oder sie können sich schließen und die angenehme Ruhe spüren ... Du hörst vielleicht noch Geräusche um dich, im Raum ... oder von draußen ... Und irgendwann können die Geräusche und jede Bewegung ganz gleichgültig werden ... Und du spürst vielleicht schon, wie gut es sich anfühlt, einfach so da zu sein und eine Traumreise zu erleben ..., sich alles genau vorzustellen ..., alles selbst ganz mitzuerleben ... und in sich zu sehen ... und in sich zu spüren ...

Ritter Blech sitzt auf dem Sofa im Wohnzimmer des Hauses. Er hat die Augen geöffnet und lauscht dem Gesang aus dem Garten der Amseln ...

Auch Prinzessin lauscht auf dem Sofa. Doch sie hat die Augen geschlossen ...

Als sie nun die Augen öffnet, schließt Ritter Blech die seinen ...

So sitzen sie ein Weilchen und lauschen ... Dann schlägt Ritter Blech die Augen auf und sagt: „Komm, wir gehen in den Garten!"

Sie steigen vom Sofa hinunter und gehen durch das Wohnzimmer. An einem Holzschwert, das vor der Türe liegt, macht Ritter Blech Halt. Aber dann steigt er doch über das Schwert und geht Prinzessin nach, in den Garten ...

Die Luft ändert sich, wenn man aus dem Haus in das Freie tritt ... Manchmal ist sie wärmer, manchmal ist sie kälter, manchmal ist sie gleich warm. Aber immer scheint sie draußen viel kräftiger zu sein, als im Haus ...

Ob Prinzessin und Ritter Blech das auch spüren? ... Ob das die Amseln spüren, die in den Bäumen singen? ... Ob das die Blätter spüren, die im Baum rauschen? ... Ob das der Wind spürt, der in den Blättern der Bäume rauscht? ...

In der Mitte der Wiese steht ein Puppenwagen ... „Ist das nicht *dein* Puppenwagen?", fragt Ritter Blech.

„Sarah ist nicht da", antwortet Prinzessin. „Sie hat den Wagen draußen gelassen."

Sie mühen sich, aber sie reichen beide nicht zum Lenker hinauf. So gehen sie weiter, zum Zaun ...

Der Zaun ist aus Holz, sie schauen zwischen zwei Latten hindurch ...

In Nachbars Garten wächst eine Wiese ... Büsche stehen ... und Bäume ... Hinter der Wiese liegt ein weißes Haus ...

In einem der Bäume singt eine Amsel ... Plötzlich unterbricht sie sich und fliegt auf ... Sie fliegt über den Zaun in einen der hiesigen Bäume ... und singt weiter ihr Lied ...

„Vielleicht sollte man den Zaun höher bauen", sagt Ritter Blech. „Die Amseln fliegen darüber."

„Und der Wind weht vom einen Garten in den anderen", sagt Prinzessin.

Im Garten der Amseln hängt eine Schaukel im Apfelbaum. Im anderen Garten hängt keine ...

Im Garten der Amseln blühen mehr Gänseblümchen. Im anderen Garten gibt es mehr Gras ...

Prinzessin schnuppert, ob die Luft in den Gärten anders riecht ... Vielleicht ein wenig ... Das kommt womöglich von den Blumen am Haus ... Aber der Wind trägt den Duft in die Ferne ...

Die beiden gehen zurück ...

Als sie am Puppenwagen angelangt sind, gelingt es ihnen, den Wagen ein bisschen zu bewegen. Sie schieben gleichzeitig an den beiden Hinterrädern – und er rollt Richtung Haus ... und hält an ...

So gehen sie eben am Puppenwagen vorbei, ine Haus zurück ...

Auf dem Sofa schließen sie beide die Augen und lauschen dem Garten der Amseln ... Und die eine oder andere Vogelstimme ist auch vom Garten des Nachbarn dabei ...

Und nun kommt die Traumreise langsam zum Ende, und du kehrst zurück in den Raum ... Du spürst wieder den Raum um dich und hörst seine Geräusche ... Die Ruhe ist weiter in dir. Und die Kraft. Du spürst vielleicht, wie die Ruhe und die Kraft in dir stärker geworden sind ... Die Augen können sich wieder öffnen ... Atme tief durch! Reck dich und streck dich ...

Die Maus

Mach es dir ganz bequem ... Während du dich noch räkelst, kannst du schon beginnen, angenehm ruhiger zu werden ... Deine Augen können noch offen bleiben und auch zu ruhen beginnen – oder sie können sich schließen und die angenehme Ruhe spüren ... Du hörst vielleicht noch Geräusche um dich, im Raum ... oder von draußen ... Und irgendwann können die Geräusche und jede Bewegung ganz gleichgültig werden ... Und du spürst vielleicht schon, wie gut es sich anfühlt, einfach so da zu sein und eine Traumreise zu erleben ..., sich alles genau vorzustellen ..., alles selbst ganz mitzuerleben ... und in sich zu sehen ... und in sich zu spüren ...

Ein kleines Stückchen unter der Wiese im Garten der Amseln liegt die Höhle der Maus. Gerade streckt die Maus ihre Nase aus dem Loch und schnuppert ... Wie gut der Himmel riecht ... das duftende Gras ... die Gänseblümchen ... der Löwenzahn ...

Die Maus kriecht ganz aus dem Loch ... Aber sie bleibt vorsichtig ... Wieder schnuppert sie ... Manche Gerüche sind nicht von hier, die trug wohl der Wind über den Gartenzaun ...

Die Maus springt zwischen dem Gras durch die Wiese ...

Für einen Menschen sind die Grashalme klein und dünn – für die Maus sind sie viel größer und dicker, weil die Maus selbst so klein ist ... Dauernd stößt sie mit ihnen zusammen ...

Am Haus steht ein Schälchen Milch ... Das haben die Kinder für Igel hingestellt – weil sie vor ein paar Tagen die Geschichte von einem Igel gelesen haben, der gerne Milch trinkt ... Die Maus nippt von der Milch – und trinkt dann in hastigen Zügen ... Wie flink ihre Zunge flitzt ... Sie mag die Milch auch ...

Bald ist sie satt. Sie leckt sich Lippen und Barthaare und lauscht ... Vögel singen ... Der Wind rauscht in den Bäumen ... In der Nähe schlägt eine Autotür ... Ein Auto startet ... Seine Geräusche verlieren sich in der Ferne ... Am Himmel tönt ein Flugzeug ...

Die Maus springt davon ... Da stößt sie fast mit einer Weinbergschnecke zusammen ... Die zieht sich schnell in ihr Häuschen zurück ... Die Maus schnuppert am Häuschen ... Aber bald hat sie genug und springt weiter ...

Am Ufer des Teichs bleibt sie stehen ... Das Wasser liegt ganz ruhig da ... Die Maus schaut zur Insel, wo ein Frosch sitzt ... Der Frosch schaut die Maus an ... Die Maus schaut den Frosch an ...

Eine Weile ist es ganz ruhig ... Nur eine Fliege brummt ... Die Libelle, die über dem Wasser steht, muss auch ein Geräusch machen, mit ihren Flügeln ... Aber das ist so leise, dass niemand es hören kann ...

Der Frosch macht plötzlich einen weiten Satz und springt in das Wasser ... Wellenkreise ziehen ... Der Frosch ist schon in der Tiefe des Teichs verschwunden ... Nun erst kommen die Wellenkreise am Ufer an ... Gerade vor der Maus laufen die kleinen Wellen ein Stückchen das Ufer hinauf ...

Die Maus steht still, bis das Wasser wieder ganz ruhig ist ... Dann läuft sie wieder in die Wiese hinein, zu ihrem Mäuseloch ...

Die Tür ins Haus öffnet sich. Sarah kommt heraus. Sie beugt sich zum Milchschälchen. Dann richtet sie sich wieder auf und ruft: „Leon, komm – der Igel hat von der Milch getrunken!"

Die Maus hört nichts davon. Sie macht es sich in ihrer Höhle unter der Wiese gemütlich ... Sie räkelt sich noch einmal ... Dann schließt sie die Augen und sinnt nach, was sie heute alles erlebt hat ...

Und nun kommt die Traumreise langsam zum Ende, und du kehrst zurück in den Raum ... Du spürst wieder den Raum um dich und hörst seine Geräusche ... Die Ruhe ist weiter in dir. Und die Kraft. Du spürst vielleicht, wie die Ruhe und die Kraft in dir stärker geworden sind ... Die Augen können sich wieder öffnen ... Atme tief durch! Reck dich und streck dich ...

Die Amselfeder

Mach es dir ganz bequem ... Während du dich noch räkelst, kannst du schon beginnen, angenehm ruhiger zu werden ... Deine Augen können noch offen bleiben und auch zu ruhen beginnen – oder sie können sich schließen und die angenehme Ruhe spüren ... Du hörst vielleicht noch Geräusche um dich, im Raum ... oder von draußen ... Und irgendwann können die Geräusche und jede Bewegung ganz gleichgültig werden ... Und du spürst vielleicht schon, wie gut es sich anfühlt, einfach so da zu sein und eine Traumreise zu erleben ..., sich alles genau vorzustellen ..., alles selbst ganz mitzuerleben ... und in sich zu sehen ... und in sich zu spüren ...

Eine Amsel fliegt durch den Himmel über dem Garten ... Aus ihrem Gefieder löst sich eine Feder ... Die Amsel fliegt weiter und verschwindet hinter dem Dach des Hauses ... Die Feder fällt in langsamen Kreisen zur Erde ... Auf der Wiese landet sie ...

Die Amselfeder ist schwarz ... da liegt sie im grünen Gras ... Nur in der Mitte der Federkiel ist weißlich ...

Fast so weiß, wie die Blütenblätter des Gänseblümchens, neben dem die Feder liegt ...

Fast so weiß, wie die Mauer des Hauses, hinter dem die Amsel verschwunden ist ...

Fast so weiß wie die Wolken am Himmel, die langsam über der Wiese und dem Haus ziehen ...

Auch manche Wolken besuchen manchmal die Erde – als Regen ... Oder im Winter als Schnee ...

Die Amselfeder aber liegt ganz ruhig ...

Ob sie den Gesang aus den Bäumen hört? ...

Ob sie sich frei fühlt – oder verlassen? ...

Plötzlich zittert sie leicht: Ein Heupferd ist auf sie gesprungen. Da sitzt es nun auf der Feder und schaut sich um ... Und schon ist es fort, weitergesprungen, hoch in den Himmel, und irgendwo anders gelandet ...

Eine Hummel brummt die Feder ab ... Aber da ist kein Nektar für sie zu holen ... So fliegt sie weiter, zu den Kleeblüten hinüber ...

Neben der Feder steht ein prächtiger Grashalm breit in den Himmel hinein ... Ein Marienkäfer hat ihn langsam erstiegen ... Nun hält er inne ... Der Marienkäfer sitzt ganz still ... Er sieht wie eine Halbkugel aus ... Seine Flügel sind rot, mit schwarzen Punkten ...

Da sitzt der Marienkäfer im warmen Sonnenschein ... Ob er die Wärme der Sonne spürt? ... Plötzlich öffnet er seine Flügel und schwirrt davon, in den Himmel ... Die Amselfeder bleibt unter ihm zurück ...

So liegt die Amselfeder im Gras ... Einmal kommt leichter Wind auf und bewegt sie ... Sonst passiert gar nichts ...

Obwohl die Sonne auch auf die Amselfeder scheint und sie wärmt ...

Obwohl die Luft des Himmels sie immer umgibt ...

Die Tür vom Haus in den Garten öffnet sich. Leon kommt heraus und geht in die Wiese ... Er singt ein Lied ... An der Amselfeder bleibt er stehen und verstummt ... Leon bückt sich und hebt die Amselfeder auf ... Das Gras unter ihr hebt sich ein winziges Stück ...

Leon streicht mit den Fingern über die Feder ... Wie zart sie sich anfühlt ... Und wie fest sie doch ist ... Leon steckt sich die Feder ins Haar ...

Leon geht weiter über die Wiese zum Teich ... Durch das Gehen bewegen sich seine Haare und die Feder fällt ins Gras ...

Da liegt die Amselfeder nun wieder, diesmal neben einer Kleeblüte ... Im Apfelbaum beginnt eine Amsel zu pfeifen ... Die Sonne scheint warm ...

Und nun kommt die Traumreise langsam zum Ende, und du kehrst zurück in den Raum ... Du spürst wieder den Raum um dich und hörst seine Geräusche ... Die Ruhe ist weiter in dir. Und die Kraft. Du spürst vielleicht, wie die Ruhe und die Kraft in dir stärker geworden sind ... Die Augen können sich wieder öffnen ... Atme tief durch! Reck dich und streck dich ...

Die Grashalme betrachten

Mach es dir ganz bequem ... Während du dich noch räkelst, kannst du schon beginnen, angenehm ruhiger zu werden ... Deine Augen können noch offen bleiben und auch zu ruhen beginnen – oder sie können sich schließen und die angenehme Ruhe spüren ... Du hörst vielleicht noch Geräusche um dich, im Raum ... oder von draußen ... Und irgendwann können die Geräusche und jede Bewegung ganz gleichgültig werden ... Und du spürst vielleicht schon, wie gut es sich anfühlt, einfach so da zu sein und eine Traumreise zu erleben ..., sich alles genau vorzustellen ..., alles selbst ganz mitzuerleben ... und in sich zu sehen ... und in sich zu spüren ...

Das Sofa im Haus hat wieder einmal Besuch erhalten. Ritter Blech sitzt in seiner Mitte und lauscht dem Gesang aus dem Garten der Amseln ...

Neben ihm sitzt Prinzessin. Auch sie lauscht. Doch sie hat die Augen geschlossen ...

Als Prinzessin ihre Augen öffnet, setzt sich Ritter Blech ganz gerade hin. Auch Prinzessin setzt sich gerade hin. So sitzen sie ein Weilchen und lauschen ... Dann sagt Ritter Blech: „Komm, wir gehen in den Garten!"

Sie steigen vom Sofa hinunter und gehen zur Tür in den Garten hinaus ...

Die Grashalme der Wiese sind grün ... Manche bestehen einfach nur aus einem grünen Blatt, andere haben kleine Wedel ...

Die Blumen der Wise haben viele verschiedene Farben ... Es gibt grüne ... weiße ... blaue ... lila ... gelbe ...

Und die blauen Blumen sind nicht alle einfach nur blau ... Manche sind ein klein wenig heller, manche sind ein klein wenig dunkler ... Je mehr einer hinschaut, umso mehr unterscheiden sie sich ...

„Je genauer ich hinschaue, umso mehr sehe ich!", sagt Ritter Blech. Er ist an einem Löwenzahn stehengeblieben ...

Auch Prinzessin ist stehengeblieben. „Aber wie genau soll man hinschauen?", fragt sie und klimpert einmal mit ihren Augenlidern.

„So genau wie eine Fliege", behauptet Ritter Blech.

„So genau wie der Wind", sagt Prinzessin.

„So genau wie die Sonne", behauptet Ritter Blech.

„So genau wie ich will", sagt Prinzessin.

Sie gehen weiter über die Wiese ...

An einer Pusteblume bleiben sie stehen. „Das war einmal ein Löwenzahn", sagt Prinzessin.

„Das ist noch immer ein Löwenzahn", sagt Ritter Blech. „Er sieht jetzt nur anders aus."

Ein Schmetterling flattert zwischen ihnen hindurch und setzt sich auf eine blaue Blume. Der Schmetterling faltet seine Flügel auf. Ritter Blech und Prinzessin betrachten ihn staunend ...

„Ich will auch einmal ein Schmetterling sein", sagt Ritter Blech und knarrt mit seinen Gelenken ... Der Schmetterling erhebt sich in den Himmel und fliegt davon ...

„Ob der Schmetterling uns auch betrachtet?", fragt Prinzessin.

„Jetzt ist er weg", sagt Ritter Blech ...

„Aber um uns herum, all die Grashalme und Vögel und Bäume und Fliegen und Schmetterlinge – ob die uns genauso betrachten wie wir sie?", fragt Prinzessin.

„Die Fliegen bestimmt", behauptet Ritter Blech, „aber die Grashalme nicht."

„Ich glaube, die Grashalme betrachten uns auch – aber anders", sagt Prinzessin und nickt.

Langsam gehen sie über die Wiese zum Haus zurück. Es ist spät geworden. Sie treten durch die Tür hinein in das Wohnzimmer ...

Nacheinander steigen sie das Sofa hinauf und setzen sich in die Mitte ...

Im Haus schlägt eine Tür. Auf der Treppe sind Schritte zu hören ... Sie kommen näher ...

Und nun kommt die Traumreise langsam zum Ende, und du kehrst zurück in den Raum ... Du spürst wieder den Raum um dich und hörst seine Geräusche ... Die Ruhe ist weiter in dir. Und die Kraft. Du spürst vielleicht, wie die Ruhe und die Kraft in dir stärker geworden sind ... Die Augen können sich wieder öffnen ... Atme tief durch! Reck dich und streck dich ...

Ritter Blech auf der Schaukel

Mach es dir ganz bequem ... Während du dich noch räkelst, kannst du schon beginnen, angenehm ruhiger zu werden ... Deine Augen können noch offen bleiben und auch zu ruhen beginnen – oder sie können sich schließen und die angenehme Ruhe spüren ... Du hörst vielleicht noch Geräusche um dich, im Raum ... oder von draußen ... Und irgendwann können die Geräusche und jede Bewegung ganz gleichgültig werden ... Und du spürst vielleicht schon, wie gut es sich anfühlt, einfach so da zu sein und eine Traumreise zu erleben ..., sich alles genau vorzustellen ..., alles selbst ganz mitzuerleben ... und in sich zu sehen ... und in sich zu spüren ...

Ritter Blech sitzt auf der Schaukel im Garten. Wie ist er dort hinaufgekommen? Niemand weiß es. Vielleicht haben ihn Sarah oder Leon hinaufgesetzt und dann vergessen. Nun hat er die Augen geschlossen und schaukelt. Ritter Blech fühlt sich gut dabei ...

Prinzessin sitzt in der Wiese und schaut ihm zu. Sie hat ihre Augen geöffnet. Ihr Haar ist offen und weht im Wind ...

Es ist derselbe Wind, der auch um die Blätter der Bäume weht und sie rauschen lässt ...

Es ist derselbe Wind, durch den eine Biene mühsam hin zum Blumenbeet fliegt ...

Es ist derselbe Wind, in dem die weißen Wolken des Himmels treiben ...

Es ist derselbe Wind, der die Schaukel in Bewegung hält ...

Ringsum in den Bäumen singen Vögel ... Der Gesang ist schön ... Jeder Vogel singt ein klein wenig anders ...

Wenn die Sonne scheint, dann hört sich der Vogelsang ein wenig heller an ... Wenn es wolkig ist, dann hört sich der Vogelsang etwas dunkler an ... Immer aber ist der Vogelsang schön ...

Im Gras der Wiese zirpt eine Grille ... Das hohe Geräusch, das sie macht, klingt schön ... Zu sehen aber ist sie kaum, weil sie klein ist ... Ihr Zirpen aber dringt durch den ganzen Garten und noch über den Gartenzaun ...

Der Wind ist eingeschlafen, die Schaukel zur Ruhe gekommen. Auch die Zweige der Bäume bewegen sich kaum mehr. Auch die Grashalme stehen nun still ... Der Gesang der Vögel scheint nun noch lauter geworden zu sein ... Auch das Zirpen der Grille scheint nun noch lauter geworden zu sein ...

Ritter Blech hat noch immer die Augen geschlossen und spürt die Ruhe des Gartens ... Er spürt die Ruhe in den Bäumen ringsum ... Er spürt die Ruhe im Vogelgesang ...

Prinzessin hat nun die Augen geschlossen ... Ob sie auch all die Ruhe hört? ...

Ritter Blech ist von der Schaukel gesprungen. Er hat Prinzessin an der Hand gefasst und sie gehen zusammen über die Wiese ... Sie riechen den Duft des Grases ... Sie spüren das Gras an ihren Beinen streichen ... Ganz langsam gehen sie über die Wiese zum Haus ...

Auf der Terrasse am Haus liegt ein Ball. Ritter Blech und Prinzessin berühren ihn. Er rollt davon, auf die Wiese ... Sie gehen weiter, durch die offene Türe ins Haus ...

Ritter Blech und Prinzessin sind auf das Sofa geklettert. Nun sitzen sie da und schließen die Augen ... Durch die offene Tür klingt Amselgesang ...

Und nun kommt die Traumreise langsam zum Ende, und du kehrst zurück in den Raum ... Du spürst wieder den Raum um dich und hörst seine Geräusche ... Die Ruhe ist weiter in dir. Und die Kraft. Du spürst vielleicht, wie die Ruhe und die Kraft in dir stärker geworden sind ... Die Augen können sich wieder öffnen ... Atme tief durch! Reck dich und streck dich ...

Der Luftballon

Mach es dir ganz bequem ... Während du dich noch räkelst, kannst du schon beginnen, angenehm ruhiger zu werden ... Deine Augen können noch offen bleiben und auch zu ruhen beginnen – oder sie können sich schließen und die angenehme Ruhe spüren ... Du hörst vielleicht noch Geräusche um dich, im Raum ... oder von draußen ... Und irgendwann können die Geräusche und jede Bewegung ganz gleichgültig werden ... Und du spürst vielleicht schon, wie gut es sich anfühlt, einfach so da zu sein und eine Traumreise zu erleben ..., sich alles genau vorzustellen ..., alles selbst ganz mitzuerleben ... und in sich zu sehen ... und in sich zu spüren ...

Ritter Blech und Prinzessin gehen langsam über die Wiese ... Wie das Gras duftet! ... Wie der Wind alles ganz leicht berührt! ... Wie die Amseln ringsum in den Bäumen singen! ... Und sind da in der Ferne nicht Glocken zu hören? ...

Fliegen summen durch die Luft ... Und dort tänzelt ein Schmetterling ... Eine Biene erhebt sich von einer Kleeblüte und fliegt über die Wiese davon ...

Die Schritte von Ritter Blech sind groß und langsam. Prinzessins Schritte sind kleiner, aber schneller – so gehen sie nebeneinander ...

„In der Hecke ist ein Ball", sagt Prinzessin. „Tatsächlich!", sagt Ritter Blech. Sie gehen zur Hecke.

„Das ist kein Ball", sagt Ritter Blech und berührt das blaue Ding.

„Es ist ein Ballon", sagt Prinzessin. „Ein Luftballon", sagt Ritter Blech und nickt.

„Wie seine Haut sich anfühlt!", sagt er dann und streicht dabei mit einer Hand über den Ballon.

„Wie denn?", fragt Prinzessin.

„Das kann ich nicht sagen, das musst du selbst spüren", sagt Ritter Blech.

Auch Prinzessin streicht mit der Hand über den Ballon. Die Augen hat sie dabei geschlossen.

„Ob es noch mehr gibt, das sich nicht sagen lässt, das man selbst erleben muss?", fragt sie und öffnet die Augen wieder.

„Jede Menge", behauptet Ritter Blech.

„Was hängt denn da am Ballon?", fragt Prinzessin.

„Es ist eine Karte", sagt Ritter Blech und nimmt das Ding auf.

„Gestartet von einem Stocherkahn in Tübingen", liest Prinzessin vor. „Was ist ein Stocherkahn und was ist Tübingen?", fragt sie dann.

„Von dort kommt der Ballon vielleicht her", sagt Ritter Blech. „Am besten, wir lassen ihn hängen. Vielleicht finden ihn später die Kinder."

Die beiden gehen wieder über die Wiese zurück zum

Haus ... Die Amseln singen noch immer ... Fliegen summen noch immer durch die Luft ... Eine Grille hat zu zirpen begonnen ... Der Duft des Grases tut gut ...

Ritter Blech und Prinzessin klettern auf das Sofa und setzen sich. Dann warten sie, lange ...

Als draußen im Garten Stimmen zu hören sind, wissen sie: Die Kinder sind zurück! Die Stimmen der Kinder mischen sich mit den Stimmen der Amseln ...

Dann gibt es einen kleinen Schrei – und dann ist Stille. Nur die Amseln singen noch immer ... Wenn einer genau hinhören könnte, würde er vielleicht ein leises Getuschel hören. Prinzessin und Ritter Blech wissen: Die Kinder haben den Luftballon gefunden ...

Und nun kommt die Traumreise langsam zum Ende, und du kehrst zurück in den Raum ... Du spürst wieder den Raum um dich und hörst seine Geräusche ... Die Ruhe ist weiter in dir. Und die Kraft. Du spürst vielleicht, wie die Ruhe und die Kraft in dir stärker geworden sind ... Die Augen können sich wieder öffnen ... Atme tief durch! Reck dich und streck dich ...

Der Regenbogen

Mach es dir ganz bequem ... Während du dich noch räkelst, kannst du schon beginnen, angenehm ruhiger zu werden ... Deine Augen können noch offen bleiben und auch zu ruhen beginnen – oder sie können sich schließen und die angenehme Ruhe spüren ... Du hörst vielleicht noch Geräusche um dich, im Raum ... oder von draußen ... Und irgendwann können die Geräusche und jede Bewegung ganz gleichgültig werden ... Und du spürst vielleicht schon, wie gut es sich anfühlt, einfach so da zu sein und eine Traumreise zu erleben ..., sich alles genau vorzustellen ..., alles selbst ganz mitzuerleben ... und in sich zu sehen ... und in sich zu spüren ...

Es hat geregnet ... Durch die offene Terrassentür strömt frische Luft in das Wohnzimmer ... Ritter Blech und Prinzessin sitzen mit offenen Augen auf dem Sofa im Wohnzimmer ... Sie sitzen ganz still ... Sie sitzen still in der Stille ...

Aber so still ist es gar nicht ... Wenn sie in der Stille genau hinhören, dann beginnt die Stille zu leben ... Da sind die Gesänge von draußen, aus dem Garten der Amseln ... Da ist der Klang eines Flugzeugs am Himmel ... Da sind Motorengeräusche von der Straße ... Da ist eine dicke Fliege, die an der großen Glasscheibe auf- und abbrummt ... Da ist so vieles, was erst dann zu hören ist, wenn einer ganz in das Hören hineingehen kann ...

Nach einer Weile klimpert Prinzessin mit den Augenlidern. Und Ritter Blech beginnt, das Sofa hinabzusteigen, auf den Boden ... Prinzessin folgt ihm ...

Zusammen gehen sie durch das Wohnzimmer ... Zusammen gehen sie durch die offene Tür hinaus in den Garten ...

Wie die Luft gleich noch einmal frischer wird! Ein leichter Luftzug bewegt das Kleid von Prinzessin ... Sie gehen über das Gras ...

Der Duft des Grases scheint noch stärker als sonst zu sein ... Vielleicht kommt das vom Regen ... Da ist auch der Duft von grünem Klee ...

Der Himmel ist noch bedeckt ... Nur hier und da bricht die Sonne schon durch ...

„Ein Regenbogen!" Prinzessin zeigt in den dunklen Himmel hinein. „Tatsächlich!" Ritter Blech bleibt stehen und kratzt sich am Helm. Nun stehen sie beide ...

Warum uns Farben so freuen? Vor allem, wenn es eine Zeit keine gab, nur Schwarz oder nur Weiß? ... Farben sind schön. Der Regenbogen ist schön ...

Der Regenbogen steht einfach nur da am Himmel und leuchtet ... Vielleicht, dass er jetzt noch ein bisschen kräftiger wird ... Vielleicht, dass er jetzt noch ein bisschen klarer wird ... Vielleicht, dass er jetzt die Freude noch ein bisschen bunter zeigen kann ...

Prinzessin und Ritter Blech stehen einfach nur da und sehen dem Regenbogen zu ... Wie er ganz langsam verblasst ... Die Sonne kommt immer stärker heraus ... Die dunklen Wolken lösen sich auf ...

Ringsum der Amselgesang scheint gleichfalls noch bunter geworden zu sein ... Die Amseln jubeln ... Regentropfen hängen noch an Gräsern und Blättern ... Die Regentonne am Haus hat sich ganz gefüllt ... Nun spiegelt sich der Himmel darin, der schon blau wird ... durch den nun schon wieder weiße Wolken treiben ...

Und nun kommt die Traumreise langsam zum Ende, und du kehrst zurück in den Raum ... Du spürst wieder den Raum um dich und hörst seine Geräusche ... Die Ruhe ist weiter in dir. Und die Kraft. Du spürst vielleicht, wie die Ruhe und die Kraft in dir stärker geworden sind ... Die Augen können sich wieder öffnen ... Atme tief durch! Reck dich und streck dich ...

In der weiten Welt

Die Oase

Mach es dir ganz bequem ... Während du dich noch räkelst, kannst du schon beginnen, angenehm ruhiger zu werden ... Deine Augen können noch offen bleiben und auch zu ruhen beginnen – oder sie können sich schließen und die angenehme Ruhe spüren ... Du hörst vielleicht noch Geräusche um dich, im Raum ... oder von draußen ... Und irgendwann können die Geräusche und jede Bewegung ganz gleichgültig werden ... Und du spürst vielleicht schon, wie gut es sich anfühlt, einfach so da zu sein und eine Traumreise zu erleben ..., sich alles genau vorzustellen ..., alles selbst ganz mitzuerleben ... und in sich zu sehen ... und in sich zu spüren ...

Auf der Terrasse am Haus liegen zwei Matten. Auf die Matten haben sich Leon und Sarah gelegt. Neben jeder Matte flackert ein Teelicht. Das haben sie vorher an einer großen Kerze entzündet, der *Kerze der Ruhe* ... Aus dem Garten der Amseln klingt Strophe um Strophe ... Ein leichter Wind weht und bringt die Kerzenflammen zum Tanzen. Die Kinder sehen das nicht, sie haben die Augen geschlossen ... Die Mutter sitzt auf einer weiteren Matte und liest eine Traumreise vor. Mit dem Klang ihrer Stimme spüren die Kinder, wie sie ruhiger werden, angenehm ruhig ... Und die Traumreise geht so ...

Stell dir eine Wüste vor ... Die Hitze der Sonne ... Sanddünen ... Ein Wind treibt Sandkörner eine Düne hinauf in den Himmel ...

Von der Düne aus sind andere Dünen zu sehen ... und der Himmel ... Weit in der Ferne zieht sich vielleicht ein

Gebirge hin ...

Die Luft flimmert ... Hier ist kein Vogel zu hören ... Zu hören ist gar nichts, nur der Wind ... und das Rascheln des Sandes ...

Zwischen zwei Dünen sind Spuren, fast ganz schon vom Sand zugeweht ... Vielleicht sind das Spuren von Kamelen ... Oder Spuren von Menschen ...

Den Spuren nachzugehen ist fast so, als wäre man selbst dabei ... beim Zug der Händler durch die Wüste ... bei der Karawane, den Kamelen, den Menschen ... Auch ein paar Pferde gehören dazu ... Die Spuren gehen immer weiter ... Der Wind weht weiter ... Die Sonne brennt ...

Plötzlich zeigt sich zwischen den Dünen Grün ... Grüne Palmen ... Gras ... Felder ... weiße Häuser ... Eine Oase inmitten der Wüste ...

Die Karawane ist schon weitergezogen ... Auf den Feldern arbeiten nur wenige Menschen ... Getreide bauen sie an ... und Gemüse ... Wo die Oase endet, beginnt wieder der Sand ...

Am großen Brunnen liegt ein blaues Tuch ... Vielleicht ist es aus der Packtasche eines Kamels gefallen ... Der Wind bewegt es, weht ein paar Sandkörner darüber ...

Der Wind bewegt auch die großen Blätter der Palmen ... Wie schön es ist, nach der sonnenüberfluteten Wüste in ihrem Schatten zu sein ...

An einem Baum lehnt ein Junge ... Er hat die Augen geschlossen ... Vielleicht träumt er ... Vielleicht träumt er von der Wüste ... Oder von der Karawane, die schon weitergezogen ist ... Oder von einem Land weit weg ...

Vielleicht lauscht er ... Vielleicht lauscht er dem Leben in der Oase ... dem Klang der Menschen auf dem Feld ... dem Wind in den Palmen ... der Ruhe des Wassers ...

Im Schatten von Palmen liegt die Quelle ... Das Wasser schweigt ... Es birgt die Kraft des Lebens in sich ... Alle Bäume wachsen aus ihm ... alles Gras ... Auch alle Tiere und Menschen brauchen das Wasser für ihr Leben ...

Das Wasser der Quelle ist ruhig und klar ... Ab und zu blinzelt die Sonne durch die Blätter der Palmen ... Die Kraft des Lebens liegt auch in ihr ... Auf der Quelle begegnen sie sich ... das Wasser und das Licht der Sonne ...

Eine tiefe Ruhe und Kraft liegt über der Quelle ...

Die Ruhe und Kraft sind überall zu spüren, auch im Garten der Amseln ... Auf der Terrasse vor dem Haus liegen noch immer Sarah und Leon ... Sie liegen ganz ruhig ... Kannst du ihre Ruhe spüren? ... Die Ruhe ist überall in ihnen ... Schwer sind die Hände der Kinder, ganz schwer ... Spürst du, wie schwer ihre Hände sind? ... Die Kinder sind schwer, ganz schwer ... Und warm sind die Hände der Kinder, angenehm warm ... Spürst du, wie warm sie sind? ... Die Wärme strömt durch ihren ganzen Körper ... Die Kinder sind warm, angenehm warm ... Ihr Atem geht ein und aus, ein und aus, ganz ruhig und gleichmäßig, ganz von allein ... Die Kinder sind ruhig, schwer und warm – ruhig ... schwer ... und warm ... So liegen die Kinder ein Weilchen und ruhen sich aus. Sie ruhen sich aus und spüren die Ruhe und die neue Kraft tief in sich wachsen ...

Und nun kommt die Traumreise langsam zum Ende, und du kehrst zurück in den Raum ... Du spürst wieder den Raum um dich und hörst seine Geräusche ... Die Ruhe ist weiter in dir. Und die Kraft. Du spürst vielleicht, wie die Ruhe und die Kraft in dir stärker geworden sind ... Die Augen können sich wieder öffnen ... Atme tief durch! Reck dich und streck dich ...

Die Insel des Glücks

Mach es dir ganz bequem ... Während du dich noch räkelst, kannst du schon beginnen, angenehm ruhiger zu werden ... Deine Augen können noch offen bleiben und auch zu ruhen beginnen – oder sie können sich schließen und die angenehme Ruhe spüren ... Du hörst vielleicht noch Geräusche um dich, im Raum ... oder von draußen ... Und irgendwann können die Geräusche und jede Bewegung ganz gleichgültig werden ... Und du spürst vielleicht schon, wie gut es sich anfühlt, einfach so da zu sein und eine Traumreise zu erleben ..., sich alles genau vorzustellen ..., alles selbst ganz mitzuerleben ... und in sich zu sehen ... und in sich zu spüren ...

Auf der Terrasse am Haus liegen zwei Matten. Auf die Matten haben sich Leon und Sarah gelegt. Ihre Teelichter stehen neben ihnen ... Aus dem Garten tönen die Lieder der Amseln ... Die Kinder haben die Augen geschlossen ... Die Mutter liest eine Traumreise vor. Mit dem Klang ihrer Stimme spüren die Kinder, wie sie ruhiger werden, angenehm ruhig ... Und die Traumreise geht so ...

Stell dir eine Insel vor, deine Insel des Glücks ... Es ist eine Insel für dich ...

Um die Insel liegt das Meer des Glücks ... Die weite Fläche des Meeres ist blau ... Nur ein paar Wellenspitzen schäumen weiß ...

Auch der Himmel ist blau ... Nur ein paar weiße Wolken ziehen, ziehen mit dem Weiß der Wellenspitzen davon ... langsam ... ruhig ... mit der ruhigen und langsamen Kraft, die niemand aufhalten kann ...

Im Inneren der Insel erheben sich grüne Hügel ... Gras wächst ... Kaninchen hoppeln am Hang ... Und äst dort ein Reh? ... Es ist die Insel des Glücks ...

Um einen kleinen Fluss wächst Urwald ... Mächtige

Bäume ragen in den Himmel ... Orchideen blühen in ihrem Schatten ... Vögel pfeifen ... Lianen baumeln im Wechsel von Schatten und Licht ... Es ist die Insel des Glücks ...

Am Wasserfall ist die Luft schwer und nass ... Grüne Blattwedel stehen in das Brausen hinein ... Unter dem Brausen kannst du vielleicht schon die Stille hören – und die Kraft ...

Ein Frosch sitzt auf einem Kiesel am Wasserfall ... Mit dicken Backen schaut er in das Tosen ... Sein Herz schlägt ruhig ... Es ist eine Ruhe, die aus der Ruhe des Wassers kommt ...

Auch weiter unten am Strand liegen Kiesel ... Das Wasser des Flüsschens spült zwischen ihnen ins Meer ... Das Flüsschen mündet in das große Meer ... Die Weite des Meeres nimmt alles Wasser auf ...

Hinter einer Biegung des Strandes beginnt der Sand ... All die Sandkörner, eines liegt neben dem anderen ... Wenn du ein paar aufhebst und betrachtest: Aus der Nähe sind alle verschieden ... Wenn du sie fallen lässt: Aus der Ferne sind alle gleich ... Wenn du wieder ein paar aufnimmst: Aus der Nähe sind alle schön ... Es ist die Insel des Glücks ...

Im Sand liegt eine Muschelschale ... Sie liegt ganz ruhig ...

Das Meer rauscht ... Die Spitzen einer Welle erreichen fast die Muschel ... Die Welle spült wieder ins Meer zurück ... Ein paar Schaumblasen bleiben an der Muschel hängen – und vergehen im Licht ...

Die Muschelschale liegt immer noch da ...

Ein Stück Treibholz ist angeschwemmt ... Wo der Baum stand, von dem es stammt? ... Vielleicht am anderen Ende der Insel ... Vielleicht jenseits des Meeres ... Vielleicht stammt das Holz von einem Schiff, das über das Meer fuhr ...

Am Himmel ziehen noch immer die Wolken ... Noch immer sind da die Ruhe und die Kraft, die nichts aufhalten kann ...

Die Ruhe und Kraft sind überall zu spüren, auch im Garten der Amseln ... Auf der Terrasse vor dem Haus liegen noch immer Sarah und Leon ... Sie liegen ganz ruhig ... Kannst du ihre Ruhe spüren? ... Die Ruhe ist überall in ihnen ... Schwer sind die Hände der Kinder, ganz schwer ... Spürst du, wie schwer ihre Hände sind? ... Die Kinder sind schwer, ganz schwer ... Und warm sind die Hände der Kinder, angenehm warm ... Spürst du, wie warm sie sind? ... Die Wärme strömt durch ihren ganzen Körper ... Die Kinder sind warm, angenehm warm ... Ihr Atem geht ein und aus, ein und aus, ganz ruhig und gleichmäßig, ganz von allein ... Die Kinder sind ruhig, schwer und warm – ruhig ... schwer ... und warm ... So liegen die Kinder ein Weilchen und ruhen sich aus. Sie ruhen sich aus und spüren die Ruhe und die neue Kraft tief in sich wachsen ...

Und nun kommt die Traumreise langsam zum Ende, und du kehrst zurück in den Raum ... Du spürst wieder den Raum um dich und hörst seine Geräusche ... Die Ruhe ist weiter in dir. Und die Kraft. Du spürst vielleicht, wie die Ruhe und die Kraft in dir stärker geworden sind ... Die Augen können sich wieder öffnen ... Atme tief durch! Reck dich und streck dich ...

Am See

Mach es dir ganz bequem ... Während du dich noch räkelst, kannst du schon beginnen, angenehm ruhiger zu werden ... Deine Augen können noch offen bleiben und auch zu ruhen beginnen – oder sie können sich schließen und die angenehme Ruhe spüren ... Du hörst vielleicht noch Geräusche um dich, im Raum ... oder von draußen ... Und irgendwann können die Geräusche und jede Bewegung ganz gleichgültig werden ... Und du spürst vielleicht schon, wie gut es sich anfühlt, einfach so da zu sein und eine Traumreise zu erleben ..., sich alles genau vorzustellen ..., alles selbst ganz mitzuerleben ... und in sich zu sehen ... und in sich zu spüren ...

Auf der Terrasse am Haus liegen Leon und Sarah. Teelichter stehen neben ihnen. ... Aus dem Garten tönen die Lieder der Amseln ... Die Kinder haben die Augen geschlossen ... Die Mutter liest eine Traumreise vor. Und die Traumreise geht so ...

Im grünen Land zwischen zwei Hügeln liegt ein See. Große Bäume säumen sein Ufer ...

Wenn ein Wind geht, dann kräuseln sich kleine Wellen auf dem See, und die Blätter der Bäume fangen zu wispern an ...

Vielleicht verstehen die Vögel zwischen den Blättern die Sprache des Windes ... Die Vögel singen auch im Wind ... Aber sie scheinen leiser geworden, hinter dem Vorhang des Windes ...

Im Wind löst sich von einer Erle ein Blatt und fällt auf den Spiegel des Sees ... Von unten scheint ihm sein Spiegelbild entgegenzukommen ... Blatt und Spiegelbild berühren sich auf der Oberfläche des Sees ... Nun ist nur noch das Blatt zu sehen ... Und das Wasser schwankt ein klein wenig ...

Das Schwanken des Wassers wird schwächer ... Der Wind hat aufgehört – nun ist das Wasser des Sees wieder glatt ... und es spiegelt den Himmel ... Weiße Wolken scheinen tief unten im See zu ziehen ... Und sie ziehen oben am Himmel ...

Auf der anderen Seite des Sees schwimmen Enten ... Nun schlägt eine heftig mit den Flügeln und erhebt sich in den Himmel ... Zuletzt berühren ihre Flügelspitzen das Wasser – dann ist sie in der Luft ... Tropfen spritzen von den Flügeln hinab in den See ... Die Ente verschwindet über den Bäumen im Himmel ... Ihr Schrei ist noch ein wenig länger zu hören ...

Dann ist da wieder das Summen der Fliegen ... Und einer Biene, die im Gras am Ufer nach Blüten sucht ... Da, eine weiße Blüte des Klees – auf ihr lässt sie sich nieder ...

Ein Landesteg ragt ein wenig hinein in den See ... Ein Ruderboot hat angelegt ... Es ist leer ... Nur ein Hut liegt in ihm ... und zwei Ruder ... Leicht schwankt das Boot auf den Wellen ...

Wieder kommt Wind auf und das Schilf am Ufer beginnt zu rascheln ... Ein paar Schilfrohre schlagen zusammen ... Vielleicht ist zwischen den Schilfrohren sogar ein Vogelnest versteckt ...

Eine blaue Libelle löst sich von einem Schilfblatt. Ihre Flügel schwirren so schnell, dass sie kaum zu sehen sind ... Aber die Libelle fliegt ganz langsam damit, fast scheint sie in der Luft zu stehen – und plötzlich ist sie weg, hinaus auf den See ...

Das Wasser des Sees liegt ganz ruhig ... Da kommt plötzlich aus der Tiefe des Sees ein Fisch empor und stupst mit seinem Maul an den Himmel ... und sinkt schon wieder zurück in die Tiefe des Sees ... Wellenkreise ziehen ... Sie werden immer flacher, je mehr sie sich ausdehnen ... Bald ist da wieder die Ruhe des Sees ...

Die Ruhe des Sees, die unter allem liegt ... und die Kraft, die in ihm verborgen liegt ... Es ist eine Ruhe und Kraft, die alles, was um den See lebt, in sich spüren kann ...

Die Ruhe und Kraft sind überall zu spüren, auch im Garten der Amseln ... Auf der Terrasse vor dem Haus liegen noch immer Sarah und Leon ... Sie liegen ganz ruhig ... Kannst du ihre Ruhe spüren? ... Die Ruhe ist überall in ihnen ... Schwer sind die Hände der Kinder, ganz schwer ... Spürst du, wie schwer ihre Hände sind? ... Die Kinder sind schwer, ganz schwer ... Und warm sind die Hände der Kinder, angenehm warm ... Spürst du, wie warm sie sind? ... Die

Wärme strömt durch ihren ganzen Körper ... Die Kinder sind warm, angenehm warm ... Ihr Atem geht ein und aus, ein und aus, ganz ruhig und gleichmäßig, ganz von allein ... Die Kinder sind ruhig, schwer und warm – ruhig ... schwer ... und warm ... So liegen die Kinder ein Weilchen und ruhen sich aus. Sie ruhen sich aus und spüren die Ruhe und die neue Kraft tief in sich wachsen ...

Und nun kommt die Traumreise langsam zum Ende, und du kehrst zurück in den Raum ... Du spürst wieder den Raum um dich und hörst seine Geräusche ... Die Ruhe ist weiter in dir. Und die Kraft. Du spürst vielleicht, wie die Ruhe und die Kraft in dir stärker geworden sind ... Die Augen können sich wieder öffnen ... Atme tief durch! Reck dich und streck dich ...

Die Brücke im Wald

Mach es dir ganz bequem ... Während du dich noch räkelst, kannst du schon beginnen, angenehm ruhiger zu werden ... Deine Augen können noch offen bleiben und auch zu ruhen beginnen – oder sie können sich schließen und die angenehme Ruhe spüren ... Du hörst vielleicht noch Geräusche um dich, im Raum ... oder von draußen ... Und irgendwann können die Geräusche und jede Bewegung ganz gleichgültig werden ... Und du spürst vielleicht schon, wie gut es sich anfühlt, einfach so da zu sein und eine Traumreise zu erleben ..., sich alles genau vorzustellen ..., alles selbst ganz mitzuerleben ... und in sich zu sehen ... und in sich zu spüren ...

Auf der Terrasse am Haus liegen Leon und Sarah. Teelichter stehen neben ihnen. ... Aus dem Garten tönen die Lieder der Amseln ... Die Kinder haben die Augen geschlossen ...

Die Mutter liest eine Traumreise vor. Und die Traumreise geht so ...

Im Wald fließt ein Bach. Neben dem Bach ist ein Weg für Wanderer und die Fahrzeuge der Waldarbeiter. An einer Stelle führt der Weg über eine Brücke aus Stein auf die andere Seite des Baches ...

Von der Brücke sieht man das strömende Wasser ... Und Fische sieht man, die mit den Schlägen ihrer Flossen im Wasser pendeln ...

Ein Schmetterling landet auf der Brüstung der Brücke und breitet seine Flügel aus ... Ringsum singen Vögel ... Der Schmetterling aber ist ganz ruhig ... Sogar um sich herum scheint der Schmetterling Ruhe zu verbreiten ...

Die Brückenbrüstung ist warm von den Strahlen der Sonne ... Der Schmetterling nimmt die Ruhe und die Wärme in sich auf ... Er spürt die Ruhe und die Wärme in sich ... So sitzt er ein Weilchen und ruht sich aus ...

Weit in der Ferne lärmen Motorsägen ... Plötzlich ein Krachen – Waldarbeiter haben einen Baum zum Fallen gebracht ... Die Motorsägen verstummen. Das Singen der Vögel geht immer weiter ...

Das Geräusch eines Motors erscheint erst ganz leise zwischen den Bäumen – aber nun kommt es näher, wird lauter ... Ein schwerer Laster braust das Tal herab, beladen mit Stämmen: ein Holztransporter ... Er fährt schwer über die Brücke und rattert davon, zum Sägewerk ... Der Schmetterling ist längst aufgeflogen und in den Himmel verschwunden ...

Bald ist der Lärm des Holztransporters verklungen, und auch die Holzfäller hört man nicht mehr – vielleicht machen sie Pause ... Da ist nur noch das Singen der Vögel – und das Rauschen des Bachs ...

Auf einer Wiese neben dem Bach ist eine Feuerstelle – große Steine sind in einen Kreis geordnet, dazwischen liegt graue Asche ... Vielleicht haben dort gestern Wanderer ein

Lagerfeuer gemacht ... Vielleicht waren es Kinder auf einem Ausflug ... Jetzt ist das Feuer erloschen, nur noch die Asche ist da ...

Von der Feuerstelle geht ein Trampelpfad an den Bach ... Kinder haben mit Steinen einen kleinen Damm gebaut – aber das Wasser hat den Damm schon durchbrochen und einige Steine beiseite gedrückt ...

Eine Mücke schwirrt im Lichtstrahl über dem Bach ... Nun sinkt sie, berührt kurz das Wasser – und steigt wieder auf ... Die Mücke hat einen Tropfen Wasser aus dem Bach gelöst und zieht ihn nun hoch – jetzt klatscht er in den Waldbach zurück ... Die Mücke steigt weiter ...

Im Bach steht ein großer Vogel, ein Reiher ... Völlig unbeweglich steht er da, als sei er zu Stein erstarrt. Seine Füße umspült der Waldbach ... Plötzlich sticht sein langer Schnabel ins Wasser – aber er hat den Fisch wohl verfehlt. Der Reiher fliegt ein Stückchen weiter, den Waldbach hinab ...

Auf der Brüstung der Brücke ist wieder ein Schmetterling gelandet und hat seine Flügel geöffnet ... Er sitzt in der Sonne, ganz in der Ruhe und Wärme, und verbreitet die Ruhe und Wärme um sich ...

Die Ruhe ist überall zu spüren, auch im Garten der Amseln ... Auf der Terrasse vor dem Haus liegen noch immer Sarah und Leon ... Sie liegen ganz ruhig ... Kannst du ihre Ruhe spüren? ... Die Ruhe ist überall in ihnen ... Schwer sind die Hände der Kinder, ganz schwer ... Spürst du, wie schwer ihre Hände sind? ... Die Kinder sind schwer, ganz schwer ... Und warm sind die Hände der Kinder, angenehm warm ... Spürst du, wie warm sie sind? ... Die Wärme strömt durch ihren ganzen Körper ... Die Kinder sind warm, angenehm warm ... Ihr Atem geht ein und aus, ein und aus, ganz ruhig und gleichmäßig, ganz von allein ... Die Kinder sind ruhig, schwer und warm – ruhig ... schwer ... und warm ... So liegen die Kinder ein

Weilchen und ruhen sich aus. Sie ruhen sich aus und spüren die Ruhe und die neue Kraft tief in sich wachsen ...

Und nun kommt die Traumreise langsam zum Ende, und du kehrst zurück in den Raum ... Du spürst wieder den Raum um dich und hörst seine Geräusche ... Die Ruhe ist weiter in dir. Und die Kraft. Du spürst vielleicht, wie die Ruhe und die Kraft in dir stärker geworden sind ... Die Augen können sich wieder öffnen ... Atme tief durch! Reck dich und streck dich ...

Auf der Bergwiese

Mach es dir ganz bequem ... Während du dich noch räkelst, kannst du schon beginnen, angenehm ruhiger zu werden ... Deine Augen können noch offen bleiben und auch zu ruhen beginnen – oder sie können sich schließen und die angenehme Ruhe spüren ... Du hörst vielleicht noch Geräusche um dich, im Raum ... oder von draußen ... Und irgendwann können die Geräusche und jede Bewegung ganz gleichgültig werden ... Und du spürst vielleicht schon, wie gut es sich anfühlt, einfach so da zu sein und eine Traumreise zu erleben ..., sich alles genau vorzustellen ..., alles selbst ganz mitzuerleben ... und in sich zu sehen ... und in sich zu spüren ...

Auf der Terrasse am Haus liegen Leon und Sarah. Teelichter stehen neben ihnen. ... Aus dem Garten tönen die Lieder der Amseln ... Die Kinder haben die Augen geschlossen ... Die Mutter liest eine Traumreise vor. Und die Traumreise geht so ...

Die Sonne ist schon ein ganzes Stück über die Bergwiese gezogen ... Die Berge ringsum zeigen graue Felszacken ...

manche sogar Schnee ... Auf der Bergwiese aber summt und brummt das Leben ...

An der Viehtränke summen Fliegen ... Eine hat sich auf den Rand der Tränke niedergelassen und nippt an einem Tropfen Wasser ... Eine andere schwirrt am Wasserstrahl vorbei in den Himmel ...

Grillen zirpen ... Ein Grashüpfer hat sich an einem Halm festgeklammert und schaut mit großen Augen in die Welt ...

Vielleicht betrachtet er den Himmel ... Oder die anderen Grashalme um sich ... Oder die blaue Blume, die sich im Wind wiegt ... Plötzlich macht der Grashüpfer einen weiten Sprung und ist in der Wiese verschwunden ...

Der Halm, auf dem er saß, wippt hin und her ... Dann wird er still ...

Im Schatten des Waldrands haben sich Kühe versammelt ... Sie weiden das fette Gras ... Wenn man ganz leise ist, kann man ein besonderes Geräusch hören ... Es ist das Geräusch der Kuhmäuler, die Gras rupfen ... Auch Blumen fressen sie... Fortwährend schlagen die Schwänze der Kühe, um Fliegen zu verscheuchen ...

Eine Kuh muht ... Eine andere schließt sich an ...

Aus dem Wald klingen die Stimmen von Vögeln ...

Auf den Waldboden ist ein Fichtenzapfen gefallen ... Nun liegt er im Moos ...

Auf der Wiese tanzen zwei Schmetterlinge ... Immer wieder umkreisen sie sich, wirbeln hoch in den Himmel ... und wieder zur Erde zurück ...

Bei einem Felsbrocken hat sich ein Murmeltier seine Höhle gegraben ... Gerade sitzt es vor dem Loch und lässt sich von der Sonne bescheinen ...

Von fern tönt der Pfiff eines anderen Murmels ... Das Murmeltier spitzt seine Ohren – doch es antwortet nicht ...

Am Himmel kreist ein Bussard ... langsam gleitet er über die Wiese weg ... Die weite Ruhe in seinem Flug ... Die Freiheit ... Bald ist er um die Biegung des Berges verschwunden ...

Überall in der Wiese ist Leben ... Überall tönt und bewegt es sich ... Aber unter allem liegt eine tiefe Ruhe, aus der alle Kraft und Bewegung kommt ...

Wenn jemand darauf achtgibt, kann er die Ruhe und die Kraft spüren ... Wenn jemand darauf achtgibt, kann er vielleicht die Ruhe und die Kraft noch größer werden lassen in sich ...

Die Ruhe und Kraft sind überall zu spüren, auch im Garten der Amseln ... Auf der Terrasse vor dem Haus liegen noch immer Sarah und Leon ... Sie liegen ganz ruhig ... Kannst du ihre Ruhe spüren? ... Die Ruhe ist überall in ihnen ... Schwer sind die Hände der Kinder, ganz schwer ... Spürst du, wie schwer ihre Hände sind? ... Die Kinder sind schwer, ganz schwer ... Und warm sind die Hände der Kinder, angenehm warm ... Spürst du, wie warm sie sind? ... Die Wärme strömt durch ihren ganzen Körper ... Die Kinder sind warm, angenehm warm ... Ihr Atem geht ein und aus, ein und aus, ganz ruhig und gleichmäßig, ganz von allein ... Die Kinder sind ruhig, schwer und warm – ruhig ... schwer ... und warm ... So liegen die Kinder ein Weilchen und ruhen sich aus. Sie ruhen sich aus und spüren die Ruhe und die neue Kraft tief in sich wachsen ...

Und nun kommt die Traumreise langsam zum Ende, und du kehrst zurück in den Raum ... Du spürst wieder den Raum um dich und hörst seine Geräusche ... Die Ruhe ist weiter in dir. Und die Kraft. Du spürst vielleicht, wie die Ruhe und die Kraft in dir stärker geworden sind ... Die Augen können sich wieder öffnen ... Atme tief durch! Reck dich und streck dich ...

Großer Vogel

Mach es dir ganz bequem ... Während du dich noch räkelst, kannst du schon beginnen, angenehm ruhiger zu werden ... Deine Augen können noch offen bleiben und auch zu ruhen beginnen – oder sie können sich schließen und die angenehme Ruhe spüren ... Du hörst vielleicht noch Geräusche um dich, im Raum ... oder von draußen ... Und irgendwann können die Geräusche und jede Bewegung ganz gleichgültig werden ... Und du spürst vielleicht schon, wie gut es sich anfühlt, einfach so da zu sein und eine Traumreise zu erleben ..., sich alles genau vorzustellen ..., alles selbst ganz mitzuerleben ... und in sich zu sehen ... und in sich zu spüren ...

Auf der Terrasse am Haus liegen Leon und Sarah. Teelichter stehen neben ihnen. ... Aus dem Garten tönen die Lieder der Amseln ... Die Kinder haben die Augen geschlossen ... Die Mutter liest eine Traumreise vor. Und die Traumreise geht so ...

Stell dir vor, ein Vogel zu sein ... ein großer Vogel ... und am Himmel zu kreisen ...

Die Flügel sind weit ausgebreitet, um die Federn weht Wind ... Auf den Flügeln liegt das Licht der Sonne ... das warme Licht der Sonne ...

Um den Vogel ziehen weiße Wolken ... Sie ziehen ganz langsam ... Der Vogel fliegt zwischen den Wolken hindurch ...

Tief unten liegen Wiesen und Felder ... Von hier oben sehen sie klein aus ... So klein wie die roten Dächer der Häuser ... Alles zieht unter dem Flug des Vogels hinweg ...

Ein Fluss schimmert silbern ... Über die Brücke gehen winzige Menschen von Ufer zu Ufer ... und Autos fahren ... Der Vogel gleitet lautlos über den Fluss und die Brücke hinweg ...

Die Strommasten sehen vom Himmel winzig aus ... Sie ziehen Linien über das Land ... Der Vogel fliegt hoch über die Masten hinweg ...

Hinter den Feldern beginnt das grüne Meer eines Waldes ... Nur das Grün der Wipfel ist zu sehen, die einzelnen Bäume sind zu klein von hier oben ... Auch die Laute der Vogelstimmen dringen nicht so hoch hinauf ...

Aber vielleicht sind doch Vögel zu hören, wenn man ganz genau hinhört, von fern ... im Rauschen des Windes ...

Der Vogel fliegt neben einer besonders schönen Wolke ... Sie ist weiß ... Wie ein Turm ragt sie hoch in das Blau hinauf ... Unter der Wolke gleitet ihr Schatten über das Land ...

Die Stille der Wolke ... ihre Schönheit und Kraft ... Der Vogel schreit einmal – doch es kommt keine Antwort ...

Unter dem Vogel glänzt nun die weite Fläche eines Sees ... Ein weißes Schiff fährt über den See zu einer Stadt, die am anderen Ufer liegt ... Der Vogel schwebt ruhig über den See hinweg ...

Über der Stadt ist die Luft wärmer als über dem See und den Feldern ... Der Vogel steigt höher, von der Wärme gehoben ... Die Häuser unter ihm werden noch kleiner ... Vielleicht fährt dort unten eine Straßenbahn ... Der Lärm von Autos dringt bis in die Höhe ...

Der Vogel zieht weiter seinen großen Kreis ... Zwischen den Wolken schwebt er zurück ...

Der Vogel spürt die Ruhe und Kraft der Wolken auch in sich ... Er spürt die Freiheit der Wolken in sich ... Und er kann schon spüren, wie die Ruhe und die Kraft in ihm größer werden ...

Die Ruhe und Kraft sind überall zu spüren, auch im Garten der Amseln ... Auf der Terrasse vor dem Haus liegen noch immer Sarah und Leon ... Sie liegen ganz ruhig ... Kannst du ihre Ruhe spüren? ... Die Ruhe ist überall in ihnen ... Schwer sind die Hände der Kinder, ganz schwer ... Spürst du, wie schwer ihre Hände sind? ... Die Kinder sind schwer, ganz schwer ... Und warm sind die Hände der Kinder, angenehm warm ... Spürst du, wie warm sie sind? ... Die Wärme strömt durch ihren ganzen Körper ... Die Kinder sind warm, angenehm warm ... Ihr Atem geht ein und aus, ein und aus, ganz ruhig und gleichmäßig, ganz von allein ... Die Kinder sind ruhig, schwer und warm – ruhig ... schwer ... und warm ... So liegen die Kinder ein Weilchen und ruhen sich aus. Sie ruhen sich aus und spüren die Ruhe und die neue Kraft tief in sich wachsen ...

Und nun kommt die Traumreise langsam zum Ende, und du kehrst zurück in den Raum ... Du spürst wieder den Raum um dich und hörst seine Geräusche ... Die Ruhe ist weiter in dir. Und die Kraft. Du spürst vielleicht, wie die Ruhe und die Kraft in dir stärker geworden sind ... Die Augen können sich wieder öffnen ... Atme tief durch! Reck dich und streck dich ...

Auf dem Hügel durch das Jahr

Mach es dir ganz bequem ... Während du dich noch räkelst, kannst du schon beginnen, angenehm ruhiger zu werden ... Deine Augen können noch offen bleiben und auch zu ruhen beginnen – oder sie können sich schließen und die angenehme Ruhe spüren ... Du hörst vielleicht noch Geräusche um dich, im Raum ... oder von draußen ... Und irgendwann können die Geräusche und jede Bewegung ganz gleichgültig werden ... Und du spürst vielleicht schon, wie gut es sich anfühlt, einfach so da zu sein und eine Traumreise zu erleben ..., sich alles genau vorzustellen ..., alles selbst ganz mitzuerleben ... und in sich zu sehen ... und in sich zu spüren ...

Auf der Terrasse am Haus liegen Leon und Sarah. Teelichter stehen neben ihnen. ... Aus dem Garten tönen die Lieder

der Amseln ... Die Kinder haben die Augen geschlossen ... Die Mutter liest eine Traumreise vor. Und die Traumreise geht so ...

Irgendwo im Land liegt ein Hügel ... Auf der einen Seite des Hügels zieht sich Wald, auf der anderen Seite und auf dem Gipfel liegen Wiesen ... Ganz oben steht ein Turm ...

Im Winter ist der Hügel verschneit ... Alles Gras ist verschwunden, da ist nur noch ein Hang aus glänzendem Schnee ... Wenn die Sonne scheint, sieht es manchmal aus, als würden kleine Lichter in den Schneekristallen glimmen ... Viele kleine Lichter, in denen sich dieselbe Sonne zeigt ...

Den Hang hinab führt eine Schlittenbahn ... Gerade ist sie verlassen ... Nur ein verlorener Handschuh liegt unten am Fuß des Hügels im Schnee ... Auf den Handschuh ist in der Nacht Schnee gefallen ...

Auch die Bäume auf der anderen Seite des Hügels sind verschneit ... Schwerer Schnee drückt die Zweige der Fichten nieder ... Hier und da piept ein Vogel ein paar Töne ...

Im Frühling hat sich der Hügel verändert ... Der Schnee ist verschwunden, das Gras sprießt in neuem Grün ... Auch Blumen zeigen sich im Licht der stärker gewordenen Sonne ...

Vom Turm hat man eine gute Sicht auf das Land rundum ... Zwei Wanderer sind oben und betrachten die verschiedenfarbenen Vierecke der Äcker, Wiesen, Felder ... die Waldstücke dazwischen ... und die roten Dächer der Siedlungen ... Vielleicht ist ein Fluss zu erkennen, als silbernes Band in der Ferne ...

Der Hügel ist nun lebendiger als im Winter ... Grillen zirpen ... Vögel pfeifen prächtige Gesänge ... Und es sind viel mehr geworden, denn die Zugvögel, die den Winter im Süden verbracht haben, sind zurück ...

Von fern ist das Rattern eines Traktors zu hören, der gerade ein Feld pflügt ... Braune Schollen lässt er hinter sich ... Wenn man viel genauer schauen könnte, sähe man vielleicht Krähen, die hinter dem Traktor herschreiten und herflattern ...

Im Sommer steht das Gras der Hangwiese hoch ... Schmetterlinge tanzen überall ... Die Vögel sind wieder leiser geworden ... Manchmal ist die Hitze groß ... Manchmal brechen Gewitter über den Hügel herein, und Blitze tanzen um den Turm ...

Im Herbst ist das Gras gemäht ... Die Bäume des Waldes sind bunt geworden ... Jeder Windstoß pflückt Blätter von den Zweigen und weht sie mit sich ...

Im Wald gibt es Beeren ... Manchmal kommen Menschen her und pflücken welche ... Die meisten Beeren aber fressen die Vögel ...

Unter jeder Veränderung des Hügels ist eine tiefe Ruhe und Kraft zu spüren ... Es ist die Ruhe und Kraft, die in allem liegt, aus der das Leben kommt ... Wenn jemand genau lauscht, kann er sie im Winter spüren ... im Frühling ... im Sommer ... im Herbst ... Vielleicht kannst du sie auch in dir selbst spüren ... Vielleicht kannst du schon spüren, wie die Ruhe und die Kraft in dir wachsen ...

Die Ruhe und Kraft sind überall zu spüren, auch im Garten der Amseln ... Auf der Terrasse vor dem Haus liegen noch immer Sarah und Leon ... Sie liegen ganz ruhig ... Kannst du ihre Ruhe spüren? ... Die Ruhe ist überall in ihnen ... Schwer sind die Hände der Kinder, ganz schwer ... Spürst du, wie schwer ihre Hände sind? ... Die Kinder sind schwer, ganz schwer ... Und warm sind die Hände der Kinder, angenehm warm ... Spürst du, wie warm sie sind? ... Die Wärme strömt durch ihren ganzen Körper ... Die Kinder sind warm, angenehm warm ... Ihr Atem geht ein und aus, ein und aus, ganz ruhig und gleichmäßig, ganz von allein ... Die Kinder sind ruhig, schwer und warm – ruhig ... schwer ... und warm ... So liegen die Kinder ein Weilchen und ruhen sich aus. Sie ruhen sich aus und spüren die Ruhe und die neue Kraft tief in sich wachsen ...

Und nun kommt die Traumreise langsam zum Ende, und du kehrst zurück in den Raum ... Du spürst wieder den Raum um dich und hörst seine Geräusche ... Die Ruhe ist weiter in dir. Und die Kraft. Du spürst vielleicht, wie die Ruhe und die Kraft in dir stärker geworden sind ... Die Augen können sich wieder öffnen ... Atme tief durch! Reck dich und streck dich ...

Die Murmel

Mach es dir ganz bequem ... Während du dich noch räkelst, kannst du schon beginnen, angenehm ruhiger zu werden ... Deine Augen können noch offen bleiben und auch zu ruhen beginnen – oder sie können sich schließen und die angenehme Ruhe spüren ... Du hörst vielleicht noch Geräusche um dich, im Raum ... oder von draußen ... Und irgendwann können die Geräusche und jede Bewegung ganz gleichgültig werden ... Und du spürst vielleicht schon, wie gut es sich anfühlt, einfach so da zu sein und eine Traumreise zu erleben ..., sich alles genau vorzustellen ..., alles selbst ganz mitzuerleben ... und in sich zu sehen ... und in sich zu spüren ...

Auf der Terrasse am Haus liegen Leon und Sarah. Teelichter stehen neben ihnen. ... Aus dem Garten tönen die Lieder der Amseln ... Die Kinder haben die Augen geschlossen ... Die Mutter liest eine Traumreise vor. Und die Traumreise geht so ...

Kinder haben im Garten mit Glasmurmeln gespielt ... Dann rief die Mutter und sie liefen ins Haus ... Gleich danach kamen sie noch einmal heraus, sammelten die Murmeln ein und nahmen sie mit ... Nur eine vergaßen sie ... Die liegt im Gras der Wiese ...

Die Grashalme sind lang und spitz ... Dazwischen ist das Rund der Murmel verborgen ... Die Grashalme schwanken leicht im Wind ... Die Murmel aber liegt ganz ruhig zwischen ihnen ...

Die Murmel liegt schwer auf dem Boden der Wiese ... Eine Ameise läuft um sie herum - aber die Murmel ist für sie viel zu schwer ... Die Ameise läuft weiter, verschwindet zwischen den Grashalmen ...

In der Murmel schimmert milchig die Sonne ... Auch ein paar bunte Steinchen sind in ihr eingeschlossen, die ihre Farbe im Sonnenlicht verändern ...

Die Sonnenstrahlen sind warm ... Die Murmel nimmt langsam die Wärme der Sonne an ... Auch die Grashalme um die Murmel herum sind warm ...

An einem Grashalm, dicht über der Erde, sitzt ein Marienkäfer ... Er sitzt da und lässt sich von der Sonne bescheinen ... Er spürt die Wärme der Sonne ... Er spürt die Kraft, die in der Wärme der Sonne liegt ...

Der Marienkäfer beginnt, langsam am Grashalm hochzuklettern ... Ganz langsam klettert er an dem schlanken Halm hoch, höher ins Licht hinein ...

Der Marienkäfer ist schon weit oben am Grashalm angekommen - da beginnt sich der Grashalm unter seinem Gewicht zu biegen ... Der Marienkäfer zögert - und klettert weiter ... Der Grashalm neigt sich noch stärker - und stärker ... Jetzt berührt seine Spitze fast den Boden ...

Der Marienkäfer klettert von der Grashalmspitze geradewegs auf die Murmel ... Auf ihr hält er inne ... Vielleicht spürt er die Ruhe der Murmel ... Vielleicht spürt er, wie warm die Murmel in der Sonne geworden ist ...

Über dem Gras flattert ein Schmetterling ... Der Schmetterling will sich auf die Murmel setzen - aber dann bemerkt er den Marienkäfer und fliegt weiter ...

Vielleicht hat der Marienkäfer den Schmetterling bemerkt ... Vielleicht hat er einen Schatten über sich gesehen ...

Der Marienkäfer breitet seine Flügel aus und schwirrt davon, hinein in den Himmel ... Die Murmel liegt wieder ganz im Licht ...

Die Ruhe in der Murmel ist sogar noch größer geworden – und ihre Kraft ... Die Ruhe und die Kraft sind immer da, tief innen ... Vielleicht kannst du sie auch in dir selbst spüren ... Vielleicht kannst du spüren, wie die Ruhe und die Kraft dort wachsen ...

Die Ruhe und Kraft sind überall zu spüren, auch im Garten der Amseln ... Auf der Terrasse vor dem Haus liegen noch immer Sarah und Leon ... Sie liegen ganz ruhig ... Kannst du ihre Ruhe spüren? ... Die Ruhe ist überall in ihnen ... Schwer sind die Hände der Kinder, ganz schwer ... Spürst du, wie schwer ihre Hände sind? ... Die Kinder sind schwer, ganz schwer ... Und warm sind die Hände der Kinder, angenehm warm ... Spürst du, wie warm sie sind? ... Die Wärme strömt durch ihren ganzen Körper ... Die Kinder sind warm, angenehm warm ... Ihr Atem geht ein und aus, ein und aus, ganz ruhig und gleichmäßig, ganz von allein ... Die Kinder sind ruhig, schwer und warm – ruhig ... schwer ... und warm ... So liegen die Kinder ein Weilchen und ruhen sich aus. Sie ruhen sich aus und spüren die Ruhe und die neue Kraft tief in sich wachsen ...

Und nun kommt die Traumreise langsam zum Ende, und du kehrst zurück in den Raum ... Du spürst wieder den Raum um dich und hörst seine Geräusche ... Die Ruhe ist weiter in dir. Und die Kraft. Du spürst vielleicht, wie die Ruhe und die Kraft in dir stärker geworden sind ... Die Augen können sich wieder öffnen ... Atme tief durch! Reck dich und streck dich ...

Die Reise des Blatts

Mach es dir ganz bequem ... Während du dich noch räkelst, kannst du schon beginnen, angenehm ruhiger zu werden ... Deine Augen können noch offen bleiben und auch zu ruhen beginnen – oder sie können sich schließen und die angenehme Ruhe spüren ... Du hörst vielleicht noch Geräusche um dich, im Raum ... oder von draußen ... Und irgendwann können die Geräusche und jede Bewegung ganz gleichgültig werden ... Und du spürst vielleicht schon, wie gut es sich anfühlt, einfach so da zu sein und eine Traumreise zu erleben ..., sich alles genau vorzustellen ..., alles selbst ganz mitzuerleben ... und in sich zu sehen ... und in sich zu spüren ...

Auf der Terrasse am Haus liegen Leon und Sarah. Teelichter stehen neben ihnen. ... Aus dem Garten tönen die Lieder der Amseln ... Die Kinder haben die Augen geschlossen ... Die Mutter liest eine Traumreise vor. Und die Traumreise geht so ...

Im Wald strömt ein Bach. An einer Biegung des Baches wächst ein Haselnuss-Strauch. Als wieder einmal der Wind durch die Zweige des Strauches fährt, löst sich ein Blatt. Es fällt durch die Luft auf das Wasser des Baches und schwimmt auf ihm fort ...

Unter dem Blatt liegt das klare Wasser des Bachs ... Das Blatt wird von seiner Strömung getragen ... Über dem Blatt wogen die Büsche und Bäume des Waldes im Wind – und ganz oben zieht der Himmel ...

Das Blatt treibt mit der Strömung um eine weitere Biegung des Bachs – mal im Schatten der Büsche und Bäume, mal im Sonnenlicht ...

Wenn das Blatt durch das Sonnenlicht treibt, scheint es hell und warm ... Wenn das Blatt durch Schatten treibt, scheint es dunkler und kühler ... Jedesmal scheint es etwas

Bestimmtes zu sein – und ändert sich doch immer wieder ...

Nun treibt das Blatt unter einer Brücke durch ... Zwei Wanderer stehen auf der Brücke und sehen dem strömenden Wasser zu ... Einer hat einen Hut auf, der andere nicht ... Einer trägt einen Wanderstock, der andere nicht ... Beide stehen sie schweigend auf der Brücke und betrachten das strömende Wasser ...

Hinter der Brücke wird der Bach enger und das Wasser schneller ... Er rauscht nun laut ... Hier und da bildet sich weißer Schaum in der Strömung ... Das Blatt wird schneller und schaukelt ...

Hinter der nächsten Biegung wird der Bach wieder ruhiger ... und immer noch ruhiger ... Er wird breiter und langsamer ... Das Blatt hat zu schaukeln aufgehört und liegt nun ganz ruhig in der Strömung ...

Irgendwann endet der Wald und die Wiesen beginnen ... Der Bach strömt nun durch offenes Land ...

Die Luft verändert sich etwas, sie duftet anders ... Auch die Stimmen ringsum sind andere geworden ... Nun singen nicht mehr die Waldvögel, nun singen die Lerchen des Feldes ...

Manchmal stehen Bäume am Ufer, die werfen Schatten ... Manchmal reichen die Wiesen bis an das Wasser ...

Eine Fliege setzt sich auf das Blatt ... Das Blatt schwankt leicht unter ihrem Gewicht ... Die Fliege reibt sich die Vorderbeine, ruckt ein paarmal mit den Flügeln – und fliegt wieder davon ... Das Blatt schaukelt noch einmal, als sich das Gewicht der Fliege von ihm löst ... Aber bald liegt es wieder ganz ruhig im Strom des Wassers ...

Der Bach ist größer geworden, es ist schon ein kleiner Fluss ... Sein Strom wird noch ruhiger ... Auch das Blatt liegt nun ganz ruhig in seinem Strom ... Vielleicht spürt es die Ruhe des Stromes, dass es ruhiger wird ... Vielleicht spürt es die Ruhe des Stromes – und seine Kraft ...

Die Ruhe und Kraft sind überall zu spüren, auch im Garten der Amseln ... Auf der Terrasse vor dem Haus liegen noch immer Sarah und Leon ... Sie liegen ganz ruhig ... Kannst du ihre Ruhe spüren? ... Die Ruhe ist überall in ihnen ... Schwer sind die Hände der Kinder, ganz schwer ... Spürst du, wie schwer ihre Hände sind? ... Die Kinder sind schwer, ganz schwer ... Und warm sind die Hände der Kinder, angenehm warm ... Spürst du, wie warm sie sind? ... Die Wärme strömt durch ihren ganzen Körper ... Die Kinder sind warm, angenehm warm ... Ihr Atem geht ein und aus, ein und aus, ganz ruhig und gleichmäßig, ganz von allein ... Die Kinder sind ruhig, schwer und warm – ruhig ... schwer ... und warm ... So liegen die Kinder ein Weilchen und ruhen sich aus. Sie ruhen sich aus und spüren die Ruhe und die neue Kraft tief in sich wachsen ...

Und nun kommt die Traumreise langsam zum Ende, und du kehrst zurück in den Raum ... Du spürst wieder den Raum um dich und hörst seine Geräusche ... Die Ruhe ist weiter in dir. Und die Kraft. Du spürst vielleicht, wie die Ruhe und die Kraft in dir stärker geworden sind ... Die Augen können sich wieder öffnen ... Atme tief durch! Reck dich und streck dich ...

Auf dem Wolkenthron

Mach es dir ganz bequem ... Während du dich noch räkelst, kannst du schon beginnen, angenehm ruhiger zu werden ... Deine Augen können noch offen bleiben und auch zu ruhen beginnen – oder sie können sich schließen und die angenehme Ruhe spüren ... Du hörst vielleicht noch Geräusche um dich, im Raum ... oder von draußen ... Und irgendwann können die Geräusche und jede Bewegung ganz gleichgültig werden ... Und du spürst vielleicht schon, wie gut es sich anfühlt, einfach so da zu sein und eine Traumreise zu erleben ..., sich alles genau vorzustellen ..., alles selbst ganz mitzuerleben ... und in sich zu sehen ... und in sich zu spüren ...

Auf der Terrasse am Haus liegen Leon und Sarah. Teelichter stehen neben ihnen. ... Aus dem Garten tönen die Lieder der Amseln ... Die Kinder haben die Augen geschlossen ... Die Mutter liest eine Traumreise vor. Und die Traumreise geht so ...

In einem fernen Land gibt es einen hohen Berg, der heißt *Wolkenthron* ... Sein Gipfel scheint immer in Wolken gehüllt ... Was aber keiner sehen kann – der Gipfel ragt noch durch alle Wolken hindurch. Über dem Gipfel ist blauer Himmel. Vom Gipfel aus sieht man auf alle Wolken hinab ...

Vor vielen Jahren lebte einmal ein Einsiedler auf dem Wolkenthron ... Er hatte sich eine Hütte aus Stein gebaut ... Jeden Morgen setzte er sich vor seine Hütte und sah nach Osten ...

Er sah, wie die Morgendämmerung stärker wurde ...

Er sah, wie die Wolken sich färbten, manchmal nur heller wurden, manchmal aber auch orange oder rot ...

Er sah, wie die Sonne langsam durch die Wolken brach und den Himmel hinaufstieg ...

Jeden Morgen beobachtete der Einsiedler den Sonnenaufgang – und am Abend den Untergang der Sonne: Wie sie in die Wolken eintauchte ... Wie sie unter den Wolken verschwand ... Wie es langsam dunkler wurde und die ersten Sterne erschienen ... Dann ging er in seine Hütte und schlief ...

Die Hütte liegt schon lange verlassen. Der Einsiedler ist eines Tages, mit dem Aufgang der Sonne, den Berg hinabgestiegen, durch die Wolken, und nicht wiedergekehrt ... Vielleicht lebt er nun an einem See ... vielleicht in einem Dorf ... vielleicht sogar in der großen Stadt ...

Seither kam kein Mensch mehr auf den Wolkenthron ... Vielleicht haben die Menschen ihn hinter den Wolken vergessen ...

Nur die Tiere des Gebirges kommen manchmal herauf: ein Steinbock, eine Gemse, gelegentlich fliegt auch ein Adler um den Gipfel ... Aber sie bleiben nicht lang ...

Immer aber ziehen unter dem Gipfel des Wolkenthrones die Wolken ... Vielleicht sieht du schon ihren langsamen Zug ...

Die Wolken sind so groß – und doch so leicht ...

Die Wolken sind so leicht – und doch stürzen manchmal ganze Seen schweren Regens aus ihnen ...

Die Wolken sind so ruhig, dass noch nie jemand einen Laut von ihnen gehört hat – und doch kann es aus ihnen manchmal auch blitzen und donnern ...

Die Wolken sind so ruhig und langsam, dass keine Macht der Welt sie aufhalten kann ...

Die Wolken ziehen unter dem Wolkenthron ... Die Ruhe und Kraft des Wolkenthrons liegt noch über der Ruhe und Kraft der Wolken ...

Die Ruhe und Kraft sind überall zu spüren, auch im Garten der Amseln ... Auf der Terrasse vor dem Haus liegen noch immer Sarah und Leon ... Sie liegen ganz ruhig ... Kannst du ihre Ruhe spüren? ... Die Ruhe ist überall in ihnen ... Schwer sind die Hände der Kinder, ganz schwer ... Spürst du, wie schwer ihre Hände sind? ... Die Kinder sind schwer, ganz schwer ... Und warm sind die Hände der Kinder, angenehm warm ... Spürst du, wie warm sie sind? ... Die Wärme strömt durch ihren ganzen Körper ... Die Kinder sind warm, angenehm warm ... Ihr Atem geht ein und aus, ein und aus, ganz ruhig und gleichmäßig, ganz von allein ... Die Kinder sind ruhig, schwer und warm – ruhig ... schwer ... und warm ... So liegen die Kinder ein Weilchen und ruhen sich aus. Sie ruhen sich aus und spüren die Ruhe und die neue Kraft tief in sich wachsen ...

Und nun kommt die Traumreise langsam zum Ende, und du kehrst zurück in den Raum ... Du spürst wieder den Raum um dich und hörst seine Geräusche ... Die Ruhe ist weiter in dir. Und die Kraft. Du spürst vielleicht, wie die Ruhe und die Kraft in dir stärker geworden sind ... Die Augen können sich wieder öffnen ... Atme tief durch! Reck dich und streck dich ...

Am Segelflugplatz

Mach es dir ganz bequem ... Während du dich noch räkelst, kannst du schon beginnen, angenehm ruhiger zu werden ... Deine Augen können noch offen bleiben und auch zu ruhen beginnen – oder sie können sich schließen und die angenehme Ruhe spüren ... Du hörst vielleicht noch Geräusche um dich, im Raum ... oder von draußen ... Und irgendwann können die Geräusche und jede Bewegung ganz gleichgültig werden ... Und du spürst vielleicht schon, wie gut es sich anfühlt, einfach so da zu sein und eine Traumreise zu erleben ..., sich alles genau vorzustellen ..., alles selbst ganz mitzuerleben ... und in sich zu sehen ... und in sich zu spüren ...

Auf der Terrasse am Haus liegen Leon und Sarah. Teelichter stehen neben ihnen. ... Aus dem Garten tönen die Lieder der Amseln ... Die Kinder haben die Augen geschlossen ... Die Mutter liest eine Traumreise vor. Und die Traumreise geht so ...

Ein Stück weg von der Siedlung liegt zwischen Wiesen und Feldern der Segelflugplatz ... Er sieht ganz wie eine Wiese aus – bis auf das Gebäude am Rand vielleicht ... Auf dieser Wiese steht gerade ein Segelflugzeug ...

Vorne am Flugzeug wird ein langes Seil befestigt. Eine

Frau steigt ein und setzt sich hinter den Steuerknüppel: Das ist die Pilotin ...

Das Seil zieht an – dann wird es ganz schnell von einer Motorwinde eingefahren – das Segelflugzeug wird mitgezogen – der Fahrtwind hebt es hoch – es steigt immer höher – das Seil wird abgeworfen und fällt auf den Flugplatz zurück ... Das Segelflugzeug ist nun frei und fliegt, getragen vom Wind, hoch über dem Land ...

Am Rand des Flugplatzes haben zwei Kinder zugeschaut: „Das ist fast so, wie Drachen steigen", sagt der Junge.

„Nur dass kein Mensch am Seil zieht, sondern die Winde", meint das Mädchen.

„Und am Schluss fliegt das Flugzeug ohne Seil davon", sagt der Junge.

„Wie letzten Herbst mein Drachen", sagt das Mädchen.

Sie sehen ein Weilchen in den Himmel hinein, wo das Segelflugzeug gerade noch einmal aufblitzt – sonst wäre es kaum noch zu sehen ...

Dann verschwindet das Segelflugzeug hinter einer Wolke und da ist nur noch der Himmel – und die Wolken des Himmels ...

Die Wolken ziehen ganz langsam ... Sie verändern sich langsam dabei ... So langsam, dass es kaum zu bemerken ist ... Zwischen zwei Wolken blitzt noch einmal das Segelflugzeug auf ...

Hinter dem Steuerknüppel des Segelflugzeugs wird die Pilotin ruhiger ... Die Aufregung des Starts ist vorüber, alles hat gut geklappt ... Nun ist da nur noch das Gleiten zwischen den Wolken ...

Die Ruhe der Wolken wird langsam zur Ruhe der Pilotin ... Sie achtet auf ihren Atem, wie er ein- und ausströmt, wie er langsamer wird, wie er sie immer mehr zur Ruhe bringt ...

Über dem Segelflugzeug ist der blaue Himmel ... Um das Segelflugzeug sind die weißen Bäuche der Wolken ... Unter dem Segelflugzeug liegt die ganze Weite des Landes ...

Die Pilotin atmet noch einmal tief durch ... Dann atmet sie mit den Wolken ... Sie spürt, wie sie immer mehr wie die Wolken wird ...

Felder und Wiesen sind da ... Äcker ... Bäche schlängeln sich hin ... und ein Fluss ... Und da sind die roten Dächer eines Dorfes ... Von hier oben sieht alles ruhig und friedlich aus ...

Das Segelflugzeug fliegt einen weiten Bogen zwischen den Wolken ... Die Ruhe und die Kraft werden immer noch mehr ...

Die Ruhe und Kraft sind überall zu spüren, auch im Garten der Amseln ... Auf der Terrasse vor dem Haus liegen noch immer Sarah und Leon ... Sie liegen ganz ruhig ... Kannst du ihre Ruhe spüren? ... Die Ruhe ist überall in ihnen ... Schwer sind die Hände der Kinder, ganz schwer ... Spürst du, wie schwer ihre Hände sind? ... Die Kinder sind schwer, ganz schwer ... Und warm sind die Hände der Kinder, angenehm warm ... Spürst du, wie warm sie sind? ... Die Wärme strömt durch ihren ganzen Körper ... Die Kinder sind warm, angenehm warm ... Ihr Atem geht ein und aus, ein und aus, ganz ruhig und gleichmäßig, ganz von allein ... Die Kinder sind ruhig, schwer und warm – ruhig ... schwer ... und warm ... So liegen die Kinder ein Weilchen und ruhen sich aus. Sie ruhen sich aus und spüren die Ruhe und die neue Kraft tief in sich wachsen ...

Und nun kommt die Traumreise langsam zum Ende, und du kehrst zurück in den Raum ... Du spürst wieder den Raum um dich und hörst seine Geräusche ... Die Ruhe ist weiter in dir. Und die Kraft. Du spürst vielleicht, wie die Ruhe und die Kraft in dir stärker geworden sind ... Die Augen können sich wieder öffnen ... Atme tief durch! Reck dich und streck dich ...

Der alte Bahnhof

Mach es dir ganz bequem ... Während du dich noch räkelst, kannst du schon beginnen, angenehm ruhiger zu werden ... Deine Augen können noch offen bleiben und auch zu ruhen beginnen – oder sie können sich schließen und die angenehme Ruhe spüren ... Du hörst vielleicht noch Geräusche um dich, im Raum ... oder von draußen ... Und irgendwann können die Geräusche und jede Bewegung ganz gleichgültig werden ... Und du spürst vielleicht schon, wie gut es sich anfühlt, einfach so da zu sein und eine Traumreise zu erleben ..., sich alles genau vorzustellen ..., alles selbst ganz mitzuerleben ... und in sich zu sehen ... und in sich zu spüren ...

Auf der Terrasse am Haus liegen Leon und Sarah. Teelichter stehen neben ihnen. ... Aus dem Garten tönen die Lieder der Amseln ... Die Kinder haben die Augen geschlossen ... Die Mutter liest eine Traumreise vor. Und die Traumreise geht so ...

Der alte Bahnhof ist außer Betrieb ... Die Gleise sind immer noch da, auch die Gebäude – aber kein Zug hält mehr, alle Züge fahren am Bahnhof vorbei ...

Die große Uhr ist stehengeblieben ... Ihre Zeiger bewegen sich nicht mehr – Licht und Schatten laufen über sie hin ...

Denn die Sonne steigt am Morgen noch immer auf in den Himmel – und sinkt am Abend noch immer unter den Horizont ...

Am meisten bei sich ist der alte Bahnhof vielleicht in der Nacht, wenn die Sterne leuchten ... wenn der Mond scheint ... Auch die Sterne und der Mond bewegen sich, aber das geht so langsam, dass es kaum jemand bemerkt ...

Die Lagerhalle steht schon lange leer ... Da wurden Waren für den Transport auf den Zügen aufbewahrt ... Nun liegt hier nur noch der Staub und ein zerbrochener Blumentopf ...

Eine Fensterscheibe der Lagerhalle ist kaputt. Das Glas glänzt im Sonnenlicht ... In einer Glasscherbe blitzt gerade die Sonne auf ...

Die Sonne liegt ruhig und warm über dem ganzen Bahnhof ... Auf den roten Dachschindeln liegt sie ... auf dem Kamin ... auf der Vorderfront des Bahnhofsgebäudes ... auf der großen Bahnhofsuhr ... auf dem Bahnsteig ... auf den Gleisen ... auf den Schottersteinen zwischen den Gleisen ... auf ein paar Gräsern und Blumen, die zwischen den Schottersteinen gewachsen sind ...

Überall liegt das Licht der Sonne gleichermaßen, es zieht nichts vor und lehnt nichts ab ... Überall gleichermaßen scheint es mit seiner ganzen Ruhe und Wärme und Kraft ...

Auf einem Abstellgleis steht ein alter Zug ... Viele Jahre fuhr er durch das ganze Land, nun steht er hier und rostet vor sich hin ... Wenn ein neuer Zug am Bahnhof vorbeibraust, dann bekommt der alte Zug noch ein wenig Fahrtwind ab ... Die Sonne scheint auch auf ihn gleichermaßen ...

Eine Katze schleicht die Böschung hinab durch das wilde Gras ... Sie tritt vorsichtig auf die Schottersteine ... Sie schnüffelt am Gleis ... Dann steigt sie darüber ... Nun stolziert sie über den Bahnsteig ... Unter der großen Bahnhofsuhr legt sie sich hin ... Sie gähnt einmal und schließt ihre Augen ... Die Sonne scheint auch auf sie ...

Die Katze spürt die Ruhe und die Wärme der Sonne in sich ... Und sie spürt, wie mit der Ruhe und der Wärme auch die neue Kraft in ihr wächst ...

Die Ruhe und Kraft sind überall zu spüren, auch im Garten der Amseln ... Auf der Terrasse vor dem Haus liegen noch immer Sarah und Leon ... Sie liegen ganz ruhig ... Kannst du ihre Ruhe spüren? ... Die Ruhe ist überall in ihnen ...

Schwer sind die Hände der Kinder, ganz schwer ... Spürst du, wie schwer ihre Hände sind? ... Die Kinder sind schwer, ganz schwer ... Und warm sind die Hände der Kinder, angenehm warm ... Spürst du, wie warm sie sind? ... Die Wärme strömt durch ihren ganzen Körper ... Die Kinder sind warm, angenehm warm ... Ihr Atem geht ein und aus, ein und aus, ganz ruhig und gleichmäßig, ganz von allein ... Die Kinder sind ruhig, schwer und warm – ruhig ... schwer ... und warm ... So liegen die Kinder ein Weilchen und ruhen sich aus. Sie ruhen sich aus und spüren die Ruhe und die neue Kraft tief in sich wachsen ...

Und nun kommt die Traumreise langsam zum Ende, und du kehrst zurück in den Raum ... Du spürst wieder den Raum um dich und hörst seine Geräusche ... Die Ruhe ist weiter in dir. Und die Kraft. Du spürst vielleicht, wie die Ruhe und die Kraft in dir stärker geworden sind ... Die Augen können sich wieder öffnen ... Atme tief durch! Reck dich und streck dich ...

Nach dem Gewitter

Mach es dir ganz bequem ... Während du dich noch räkelst, kannst du schon beginnen, angenehm ruhiger zu werden ... Deine Augen können noch offen bleiben und auch zu ruhen beginnen – oder sie können sich schließen und die angenehme Ruhe spüren ... Du hörst vielleicht noch Geräusche um dich, im Raum ... oder von draußen ... Und irgendwann können die Geräusche und jede Bewegung ganz gleichgültig werden ... Und du spürst vielleicht schon, wie gut es sich anfühlt, einfach so da zu sein und eine Traumreise zu erleben ..., sich alles genau vorzustellen ..., alles selbst ganz mitzuerleben ... und in sich zu sehen ... und in sich zu spüren ...

Auf der Terrasse am Haus liegen Leon und Sarah. Teelichter stehen neben ihnen. ... Aus dem Garten tönt Amselgesang ... Die Kinder haben die Augen geschlossen ... Die Mutter liest eine Traumreise vor. Und die Traumreise geht so ...

Ein Gewitter ging über die Siedlung nieder, mit Regen, Blitzen und Donner – nun flaut es ab ... Die Blitze haben schon aufgehört. Der Donner ist nur noch ab und zu in der Ferne zu hören ... zu fernem Wetterleuchten ... Der Regen wird schwächer und hört bald ganz auf ... die dunklen Wolken verziehen sich ...

Die Luft duftet frisch und rein ... Aller Staub ist vom Regen aus der Luft gewaschen ... Die Luft wirkt klarer als vor dem Gewitter ... Der Atem geht tiefer und fühlt sich kräftiger an ... In der Luft liegen Klarheit und Kraft ...

Die Lieder der Vögel klingen so schön wie nie ... Vielleicht haben einige Vögel auch während dem Regen gesungen ... Aber da hörte man sie kaum, im Wind, im Regen, im Donner ... Jetzt ist es ruhig und ihre Lieder klingen so kräftig wie nie und ganz neu ...

Im Gras hängen Regentropfen ... Manche schimmern silbern im stärker werdenden Licht ... Hier und da blitzt einer auf, wenn ein Sonnenstrahl auf ihn fällt ... Auch im Spinnennetz hängen Regentropfen ...

Eine Weinbergschnecke zieht ihr Häuschen über den Feldweg ... Auf ihrem Häuschen schimmert ein Regentropfen ... Vielleicht spürt die Weinbergschnecke, dass ihr Häuschen ein winziges bisschen schwerer als sonst ist ... Aber sie kommt gut voran ... Vielleicht spürt auch sie die Klarheit und Kraft in der Luft ...

Der See spiegelt den Himmel ... Während dem Regen war sein Spiegel zerwühlt von den Regentropfen, die auf ihn fielen ... Jetzt ist er ruhig und klar ...

Auch die Fische im See haben die Klarheit über sich ... Während dem Regen sahen sie aus dem Wasser nicht in den

Himmel hinauf, weil die Regentropfen mit ihren Wellen die Klarheit störten ... Nach dem Regen schwimmen sie wieder ganz in der Ruhe und Klarheit ...

Eine Biene summt über die Wiese am See und landet auf einer Kleeblüte ... Ein paar Regentropfen purzeln von den Blättern des Klees und der Blüte, als sie aufsetzt ... Sie sucht nach dem süßen Nektar der Blüte ...

Der Bach ist angeschwollen, sein Wasser ist trübe geworden, er schwemmt das viele Wasser des Regens und losgerissene Erde und Sand mit sich fort ... Erst nach und nach wird er wieder ruhiger werden und klar ...

In der Siedlung springt ein Kind in eine Pfütze. Wie das platscht! ... Wie sich das Wasser bewegt und seine Spiegelbilder verändert! ... Nach einer Weile wird das Wasser ruhig und zeigt wieder den Himmel ...

Am Himmel leuchtet ein Regenbogen ... Er steht vor den dunklen Wolken am Horizont ... Die Freude des Himmels und der Erde ist in ihm ... Auch die Ruhe und die Kraft zeigen sich in ihm – und im ganzen atmenden Land um ihn herum, nach dem Gewitter ...

Die Ruhe und Kraft sind überall zu spüren, auch im Garten der Amseln ... Auf der Terrasse vor dem Haus liegen noch immer Sarah und Leon ... Sie liegen ganz ruhig ... Kannst du ihre Ruhe spüren? ... Die Ruhe ist überall in ihnen ... Schwer sind die Hände der Kinder, ganz schwer ... Spürst du, wie schwer ihre Hände sind? ... Die Kinder sind schwer, ganz schwer ... Und warm sind die Hände der Kinder, angenehm warm ... Spürst du, wie warm sie sind? ... Die Wärme strömt durch ihren ganzen Körper ... Die Kinder sind warm, angenehm warm ... Ihr Atem geht ein und aus, ein und aus, ganz ruhig und gleichmäßig, ganz von allein ... Die Kinder sind ruhig, schwer und warm – ruhig ... schwer ... und warm ... So liegen die Kinder ein Weilchen und ruhen sich aus. Sie ruhen sich aus und spüren die Ruhe und die neue Kraft tief in sich wachsen ...

Und nun kommt die Traumreise langsam zum Ende, und du kehrst zurück in den Raum ... Du spürst wieder den Raum um dich und hörst seine Geräusche ... Die Ruhe ist weiter in dir. Und die Kraft. Du spürst vielleicht, wie die Ruhe und die Kraft in dir stärker geworden sind ... Die Augen können sich wieder öffnen ... Atme tief durch! Reck dich und streck dich ...

Am Stausee

Mach es dir ganz bequem ... Während du dich noch räkelst, kannst du schon beginnen, angenehm ruhiger zu werden ... Deine Augen können noch offen bleiben und auch zu ruhen beginnen – oder sie können sich schließen und die angenehme Ruhe spüren ... Du hörst vielleicht noch Geräusche um dich, im Raum ... oder von draußen ... Und irgendwann können die Geräusche und jede Bewegung ganz gleichgültig werden ... Und du spürst vielleicht schon, wie gut es sich anfühlt, einfach so da zu sein und eine Traumreise zu erleben ..., sich alles genau vorzustellen ..., alles selbst ganz mitzuerleben ... und in sich zu sehen ... und in sich zu spüren ...

Auf der Terrasse am Haus liegen Leon und Sarah. Teelichter stehen neben ihnen. ... Aus dem Garten tönt Amselgesang ... Die Kinder haben die Augen geschlossen ... Die Mutter liest eine Traumreise vor. Und die Traumreise geht so ...

Tief im Wald liegt der Stausee ... Ein großer Damm hält das Wasser eines Baches zurück, dass es sich staut und zum See wird ... Am Damm ist ein Wasserkraftwerk gebaut ... Maschinen wandeln die Kraft des Wassers in Strom ... Der Strom fließt in die ferne Stadt ...

Am Damm kann man den Sturz des Wassers hören, das über die Turbinen läuft und sie antreibt ... Vielleicht ist auch noch ein Summen dabei, von den Maschinen, die die Kraft des Wassers in Strom umwandeln ...

Weiter draußen auf dem See ist es ruhig ... Im See spiegelt der Himmel ... Ab und zu wird der Spiegel gestört und der gespiegelte Himmel fängt zu zittern an – wenn das Maul eines Fisches ihn berührt oder eine Luftblase vom Grund aufsteigt und sich in den Himmel öffnet ... Aber bald schon haben sich die kleinen Wellen verlaufen und die Ruhe und Weite des Himmels spiegeln sich wieder ganz klar ...

Über den See sirrt eine Libelle ... Ihr schlanker Körper schimmert in allen Farben ... Ihre Flügel schlagen sehr schnell ... Auch sie wird gespiegelt im See ...

Am anderen Ende des Sees führt eine Autostraße vorbei. Auf dem Parkplatz halten ab und zu Autos und lassen Menschen aussteigen, für einen Spaziergang um den See ... Hier mündet der Bach in den Stausee ...

Wo der Bach entspringt, weiß niemand von denen, die dort spazierengehen ... Das Bachtal hinauf führt kein Weg – und so ist noch keiner der Spaziergänger dort gegangen ...

Irgendwo am Berg muss die Quelle des Baches sein ... Zwischen Felsen vielleicht oder in einem kleinen Quellsee ...

Wenn der Bach in den See strömt, wird er ruhig ... Das kleine, quirlige Wasser des Bachs geht über in das große, ruhige Wasser des Stausees ... Im Wasser ist alles enthalten: die Ruhe und die Kraft und die Bewegung mit ihrer Ruhe und Kraft ...

Am Rande des Stausees spiegeln sich Bäume ... Das Wasser scheint dort bewegt – wo ein leichter Wind durch die Bäume geht und die Blätter zum Rauschen bringt ... Aber tatsächlich ist das Wasser ganz ruhig und klar ...

Das Wasser des Stausees ist klar – und es ist blau wie der gespiegelte Himmel ... und weiß wie der Wind, der weiter draußen die Oberfläche zittern lässt ... und an manchen Stellen auch grün ... und wo sich Stämme von

Bäumen spiegeln, kann das Wasser des Sees auch braun wirken ...

Die Ruhe des Stausees ist manchmal wie die Ruhe der Wolken, die über den Himmel ziehen ... Und manchmal wie die Ruhe einer Feder, die auf seiner Oberfläche liegt ... Und die Ruhe des Stausees hat etwas von der Kraft der Maschinen, die Strom erzeugen und für die Menschen in die ferne Stadt schicken ...

Die Ruhe und Kraft sind überall zu spüren, auch im Garten der Amseln ... Auf der Terrasse vor dem Haus liegen noch immer Sarah und Leon ... Sie liegen ganz ruhig ... Kannst du ihre Ruhe spüren? ... Die Ruhe ist überall in ihnen ... Schwer sind die Hände der Kinder, ganz schwer ... Spürst du, wie schwer ihre Hände sind? ... Die Kinder sind schwer, ganz schwer ... Und warm sind die Hände der Kinder, angenehm warm ... Spürst du, wie warm sie sind? ... Die Wärme strömt durch ihren ganzen Körper ... Die Kinder sind warm, angenehm warm ... Ihr Atem geht ein und aus, ein und aus, ganz ruhig und gleichmäßig, ganz von allein ... Die Kinder sind ruhig, schwer und warm – ruhig ... schwer ... und warm ... So liegen die Kinder ein Weilchen und ruhen sich aus. Sie ruhen sich aus und spüren die Ruhe und die neue Kraft tief in sich wachsen ...

Und nun kommt die Traumreise langsam zum Ende, und du kehrst zurück in den Raum ... Du spürst wieder den Raum um dich und hörst seine Geräusche ... Die Ruhe ist weiter in dir. Und die Kraft. Du spürst vielleicht, wie die Ruhe und die Kraft in dir stärker geworden sind ... Die Augen können sich wieder öffnen ... Atme tief durch! Reck dich und streck dich ...

Zu Buch und Autor

Buch

Das Buch enthält 42 Traumreisen für Kinder in drei Serien: *Im Garten der Amseln*, *Prinzessin und Ritter Blech* sowie *In der weiten Welt*. Die Traumreisen beginnen kurz und werden im Verlaufe des Buchs länger. Sie dienen der Entspannung sowie der Förderung von Konzentration und Kreativität.

Die Traumreisen sind für das Kindergarten- und Grundschulalter gedacht. Am besten werden sie vorgelesen.

Autor

Dr. Volker Friebel (*1956) ist promovierter Psychologe und Autor von Veröffentlichungen zu Entspannung, Gesundheit, Sprache und Musik sowie Texten literarischer Art. Er ist selbstständig tätig und lebt in Tübingen. Er ist Mitglied der Deutschen Gesellschaft für Entspannungsverfahren:
www.dg-e.de

Netz-Präsenzen

Die Traumreisen dieses Buchs werden auch in einem Online-Kurs zur Entspannung mit Kindern verwendet. Dort finden sie sich eingebettet in einen Kursablauf, der Kindern beibringt, wie sie verschiedene Entspannungsmethoden selbstständig für sich einsetzen können:
www.Privat-Kurse.de

Die Plattform des Autors mit Informationen und Materialien zu Entspannung und Inneren Bildern:
www.Entspannung-plus.de

Zahlreiche Bücher zu den Themen des Autors finden sich auf:
www.Blaue-Felder.de

Weitere Bücher zur Entspannung für Kinder

Friebel, Volker (2014): Trance-Geschichten für Kinder – Ruhe und Kraft, Mut, Selbstbeherrschung, Leichtigkeit und Freude, Konzentration, Schlaf: Sechs thematische Sammlungen. Tübingen: Edition *Blaue Felder*. *Als PapierBuch und als eBuch.*

Friebel, Volker (2015): Geschichten, die Kinder entspannen lassen. Spielerisch Ausgeglichenheit und Konzentration fördern. Tübingen: Edition *Blaue Felder*. *Als PapierBuch und als eBuch. Erstausgabe war 1995 beim Südwest-Verlag, München.*

Friebel, Volker (2015): Kinder entdecken Ruhe und Langsamkeit. Spielerisch fördern wir Genauigkeit, Konzentration und Kreativität. Tübingen: Edition *Blaue Felder*. *Als PapierBuch und als eBuch. Erstausgabe war 2008 beim Ökotopia-Verlag, Münster.*

Für Kinder, nur so zum Spaß

Friebel, Volker (2015): Geschichten vom Zauberwald. Tübingen: Edition *Blaue Felder*. *Als PapierBuch und als eBuch.*

Friebel, Volker (2016): Das singende Kamel. Geschichten für Kinder über das, was wichtig ist. Tübingen: Edition *Blaue Felder*. *Nur als eBuch*.

Für Erwachsene

Friebel, Volker (2013): Achtsamkeit und Meditation. Tübingen: Edition *Blaue Felder*. *Als PapierBuch und als eBuch. Neu auf der Grundlage von ‚Ein Zauber liegt in allen Dingen', das 1997 beim Kösel-Verlag, München, erschien.*

Friebel, Volker (2014): Aufbrüche – Die Kraft der inneren Bilder zur Selbstveränderung. Tübingen: Edition *Blaue Felder*. *Als PapierBuch und als eBuch. Erstausgabe war 1998 beim Walter-Verlag, Zürich.*